흔한 에세이

흔한 에세이

박건아

문예바다

차례

파도 ·· 10
봉숭아 ·· 14
비둘기 밥 ·· 20
오월 ·· 26
시간 ·· 32
닭똥 ·· 36
폭죽 ·· 38
너라는 바다가 ·· 40
결혼 ·· 42
백지 ·· 46
표절 ·· 52

수족관 ·· 56

촉촉 ·· 58

눈 ·· 62

사유한다 ·· 66

발자국 ·· 70

가난 ·· 72

총총걸음 ·· 74

장마 ·· 76

작별하지 않는다 ·· 82

눈, 그림자, 시선, 넋... ·· 84

꽃 ·· 88

이런 나에게도 문득 사랑은 찾아왔다 ·· 90

기껍다 ·· 94

클로버 ·· 96

빛깔 ·· 98

망상 ·· 102

정말 눈물 ·· 108

외롭진 않아 ·· 110

파란 ·· 116

옳았다 ·· 118

외치며 ·· 122

계절을 잃은 당신에게 ·· 126

이러다 살찌겠네 ·· 130

희망이 차다 ·· 132

어른 ·· 136

춥고, 높고, 길다 ·· 138

관계 ·· 142

기록 ·· 144

벚꽃 ·· 148

플라스틱 같은 사랑 ·· 154

12월 32일 ·· 156

그곳 ·· 162

꽃 ·· 166

푸른 나비 ·· 168

이런 날 ·· 172

세상 ·· 174

몇 겹 ·· 178

일기 ·· 180

너의 번호 ·· 182

1월 ·· 184

이별 ·· 188

비자림 ·· 194

좋았을 마음 ·· 200

전쟁 ·· 204

있잖아 ·· 208

하품을 하는데 ·· 212

소녀 ·· 216

이별 ·· 230

해 뜬다 ·· 232

고칠 수 없는 습작 ·· 240

잡설 ·· 244

작가의 말 ·· 252

파
도

정말 괜찮다가도 갑작스레 한없이 우울감만 밀려오는 오늘. 맥 잃은 온기가 대지에서 멀어짐에, 바깥 기온도 떨어졌다. 하여, 요즘 들어 잡생각만 늘어난다.

먼 골짜기 너머에서부터 가파르게 치솟은 파도가 산 사이 얕게 깔린 구름을 걷어낸다. 때 마침 내 눈에 들어온, SNS에 끄적거려 놓은 너의 글씨체마저 외롭고 쓸쓸하게 느껴졌다.

나에게 주어졌던 젊디젊은 청춘을 빌미로, 너는 텅 비어 있던 너만의 여백들을 메우려 노력했다. 그럴 때 마다, 너라는 파도에 휩쓸릴 때 마다, 쓸려가는 내 눈물은 모이고 고여 이제는 바다가 됐다.

습관처럼 바다를 찾게 된 건, 아마도 줏대 없이 흔들리던 그 즈음이었을 것이다. 나는 고요한 파도에 사로잡힌 채 속삭이는 새로운 우울들에 인사를 건넸고, 너를 닮은 우울감은 매순간 범람하는 파도처럼 나를 덮쳐왔다.

오랜만에 너를 찾으러 간 바다는 그토록 추운 너와 같았다. 혹독했던, 모든 것을 얼어붙게 만드는, 바싹 낮게 깔려 앉은 너는, 나에게 그리도 추운 겨울이었다. 다만 지금의 바다는 고요했다. 아무런 일도 없었던 것처럼 어떤 이에게는 선연하게, 어떤 이에게는 처연하게 느낄만한 가락으로 철썩거리다 그저 출렁거린다.

 서슬 푸른 하늘이 흥건히 물든 바다 위로 애연한 파도가 흐른다. 멀리서부터 밀려온 파도는 무언가 언짢은지, 누구에 허락도 구하지 않고 해안가로 들이닥쳐 와 구름을 닮은 거품만 한 움큼 게워내고 도망친다. 모래사장을 따라 길게 흩뿌려져 있는 조개껍데기와 이름 모를 해초들 사이에 새겨져 있던 너와 나의 흔적들도 애잔한 바닷속으로 스스럼없이 가라앉는다.

 지금의 바다는 너와 함께 찾았던 바다와는 달리 이질적인 눈들로 가득 쌓여 있다. 많은 것이 얼어붙어 있는 바닥에 그때의 낭만도 깔려 동사했는지, 생동력을 빼앗긴 채 널브러져 있다. 나 또한 그에 동화되어 모래사장에 잠잠히 뿌리내리다, 낯짝 두껍게 마중하는 바다의 무심함이 무던히도 좋은지 덮쳐오는 파도에 뛰어들었다.

파도에 밀려 무너진 모래성이 바다로 돌아가듯, 삶에 지쳐 무너진 내 마음이 당신 편으로 스러진 채 물들어간다. 그날. 바다는 따뜻하지만 한없이 깊었고, 희박한 산소를 까닭으로 애달프게 울었으며, 그 눈물들이 또 섞여 바다를 이루고 표류하다 그저 잠긴 채로 까닭의 언저리를 쓸려 다니겠지.

그날, 지루하게 늘어나는 계절 동안 곪아왔던 눈물이 내 눈꺼풀을 찢고 길을 텄다.

봉숭아

오늘의 나는 미련하게 널 사랑했고, 어제의 너는 미련 없이 날 떠났다. 가지 말라 붙잡았지만, 더 이상 쓸모없다며 놓아둔 작은 인형 하나만 버리고 떠났다. 그리고 나도 버리고 갔다. 버리고 간 것은 사실 쓰레기나 마찬가지다. 나는 너에게 쓰레기였다.

우뚝 솟아난 골목길 사이에 서로가 서 있다. 느슨한 태양 빛은 듬성듬성 비어 있는 나의 정수리 사이로 떨어지고, 매끈한 바람은 너의 치마골 사이에서 한숨 꾹 참았다 넌지시 멀어진다. 담벼락 그늘아래 뿌리 내린 잎사귀는 온도를 잃었는지 약간은 시든 듯 해 보였고, 서로의 호흡은 이해되어 지지 않는 서로의 감정 따위를 메우려는 듯 하찮은 박동을 이어갔다.

너는 몇 발자국 너머에서 초점 흐린 눈망울로 나를 보며 서 있다. 너는 나와의 관계를 이야기 할 때마다 각기 다른 종착역에서 오지 않는 무언가를 하염없이 기다리는 불쾌한 기분이라 말했다. 너는 우리의 사랑이 철 지난 재킷

안주머니에서 천 원짜리 지폐 2장을 찾았을 때만큼의 놀람, 딱 그 정도로 알량하게 시작 했다 말했다. 서로의 첫날 또한 그리 거창한 행복이 아니었으며, 소소한 이천 원의 기쁨 한 줌 정도라 말했다.

너의 울림에 공감되지 못한 나는 멀찍이서 다가올, 게으르고 느리게 자라나는 우리의 신명난 꿈을 고대하며 기다린다 말했다. 너 스스로를 사랑할 줄도 모르면서 나에게는 대가 없는 무한한 애정을 원한 너 덕분에, 우린 늘 끊임없이 버겁고도 아팠다.

조금 더 나를 사랑해 달라는, 조금은 더 나를 이해 해 달라는 나의 흐느낌은 불쾌함으로 너의 대뇌피질을 욱신거리게 만들었고, 떨어지는 나의 눈물방울은 짙었던 우리의 사랑을 질리도록 질척이게 만들었다.

너와의 만남에서 오해를 하는 것도, 묵묵히 넘겨진 오해를 삼키는 것도 전부 나의 몫이었다. 너는 언제나 나에게 받은 작은 상처는 오래 간직했으면서도, 내가 너에게 주었던 커다란 은혜는 서둘러 망각했다. 상처는 꼭 받아야 할 빚이라 말하면서, 은혜는 굳이 돌려주지 않아도 괜찮은 빚이라 말했다.

    너는 항상 일이 바쁘다는 핑계로 늘 내 곁에 없었다. 나는 생일날 케이크에 꼽혀서 고개를 까딱거리던 인형과 함께 벤치에 홀로 앉아 거리에 찾아온 봄을 나만의 방식대로 즐겼다. 어떤 날은 길바닥에 흐드러지게 피어난 자색 꽃잎을 보며 이유 없는 눈물을 삼켰고, 어떤 날은 메리야스 차림으로 거리를 누비는 노숙자처럼 벤치에 누워 봄기운에 몸을 말렸다. 또 어떤 날은 도로가 보이는 2층 창턱에 걸터앉아 커피를 마시며 노래를 흥얼거렸다.

    고등학교 옆 38번 버스를 기다리던 버스정류장, 떨어지는 해를 보며 머물렀던 풍덕새길공원 모퉁이, 비 오는 날에는 카페 후두둑, 너는 제육볶음, 나는 샤르트뢰즈. 보드를 타러 갔을 때도, 미술관에 전시를 보러 가자했을 때도, 브루웍스에 커피를 마시러 갈 때도, 집 앞 마트에 나가 아이스크림을 사 먹으러 갈 때조차.

너는 결국 모든 것에 끝을 내는 사람이었다. 너는 더 이상 힘들이고 싶지 않아 이별을 통보하는 사람이었고, 나는 그 어딘가에서 사랑과 미련에 치어 허덕이는 사람이었다.

오늘도 밝아오는 석양에 나무의 그림자가 검붉게 타들어 간다. 내 입을 떠난 김을 밤공기가 단숨에 들이 삼킨다. 익숙한 거리를 헤매다 결국은 여기까지다. 잿빛 하늘 아래를 걸으며 표독스러웠던 그날의 기억을 되새긴다. 손가락에 봉숭아를 물들이며 첫눈을 맞으면 사랑이 이루어진다던 너의 사랑은 결국 이루어졌을까. 너를 잃고 난 뒤 나는 뒤늦게 봉숭아를 물들이고서 허망이 내려앉은 길을 걷는다. 어제의 내가 맞았던 건 첫눈이 아닌 진눈깨비여서 그럴까. 내가 염원했던 사랑은 이루어지지 않았다.

이제는 네 하루의 끝이 불행이었으면 좋겠다. 매일 밤 멈추지 않는 슬픔 덕분에 눈물로 새벽을 깨우고, 내 생각을 하며 진저리 치게 애통하며 부서졌으면 좋겠다. 나의 생을 무너뜨린 죄책감에 평생을 앓으며 영원 동안 시린 삶을 견뎌냈으면 좋겠다. 자의로 멈출 수 없는 고통의 굴레에 사로잡혀 어쩔 수 없는 삶을 영위했으면 좋겠다.

비둘기 밥

텅 빈 방 안. 벗어놓은 청바지는 다리를 엉성하게 접은 채 주저앉아 있었고, 홑이불은 떠오르려고 시도하다 실패한 것 같은 모양새로 침대 위에 웅크리고 있다. 텔레비전은 지지직거리던 입술을 앙다물고서 초점을 잃은 채 공허한 색으로 허공을 응시했으며, 팬티는 한순간에 사라진 허무한 두 덩이 온기를 그리워하며 바짝 시들어 있었고, 방바닥에 아무렇게나 널브러져 있던 책들은 고개를 한껏 숙인 채 무언가를 잃어버린 듯 상심한 얼굴을 하고 있다.

'사랑에 목이 말랐다. 아무라도 사랑하고 싶었다.'

어떤 책에서 본 문장 중 유일하게 몇 번을 정독해도 이해가 되지 않던 문장 하나. 그러나 너와의 관계가 끝나고 난 후 비로소 그 문장을 이해할 수 있었다. 네가 떠나던 날, 갈 곳을 잃고 범람하는 모든 감정들을 주체할 수가 없어진 나는, 아무라도 붙잡고 울분에 젖은 그 감정들을 넘겨주고 싶었던 것이다.

아, 나는 정말 나의 한계치를 넘어서까지 너를 사랑했구나. 이렇게 비참해지면서까지 너를 사랑하는 것을 택한 나는, 도저히 너를 잊을 수 없겠구나. 네가 아니면 아무도 의미가 없겠구나. 라고 되뇌던 그때를 망상한다.

그날따라 이별을 심하게 겪은 뒤 비둘기 밥 위에서 헤엄치다 잠잠하게 바스러지고 있던 나에게 너는 먼저 다가와 '괜찮냐?' 물었고, 그 말을 들은 나는 괜스레 미소 지으며 '괜찮다.' 울었다. 그날이 우리의 첫 만남이었던 것 같다.

한 계절이 가고, 앞머리가 쑤시고 온몸이 욱신욱신 아프던 날. 너는 손을 들어 내 이마와 너의 이마를 번갈아 짚고는 "뭐야? 꾀병 아니야?"라며 몹시도 심각한 표정을 지으며 언더 훅으로 내 간을 한 대 치고서 대문을 박차고 나갔다. 한 두어 시간 괜찮다가도 꼭 네가 집으로 돌아올 시간이 될 즈음에는 더욱 아팠던 것 같다. 내 간이. 그러다 어렵게 잠이 들면 자면서도 네가 보고 싶은지 나는 두 눈가를 자주 비볐다. 아마 그랬던 것 같다.

한참 동안 식은땀을 흘리다 새벽녘에 팔이 저려 잠에서 깨면, 어느샌가 내 팔을 꼬옥 끌어안고서 갸르릉 거리고 있는 네 정수리가 보인다. 나의 코골이에 지쳤는시 피곤함에 반쯤 묻힌 너의 얼굴에는 언제나 햇빛이 먼저 들었고, 나는 그 빛을 만지며 너의 얼굴을 그렸다.

그때에 우리는 노을이 잠든 언덕에 걸터앉아 별들 사이로 다음 계절이 다가오는 것을 바라보곤 했다. 사계를 보내고 또 돌아올 사계를 기다리며 우리는 아무런 표현 없이도 맞잡은 살갗으로 소통하고, 맥동하는 숨결로, 너의 눈동자에 반사되는 달빛으로 서로의 감정을 이해했다. 그날 너의 눈 속에 스며든 반달은 반은 밝았고, 반은 순백했다.

어떤 날에는 서리를 맞아 누릇하게 떠 있는 플라타너스 나무들 사이를, 허공으로 번져가는 허연 입김들을 휘적거리며 몽용한 숲길을 함께 헤쳐 나갔다. 어둠이 내려앉아 텅 빈 골목 사이로 달빛이 만들어낸 그림자를 타고 다니며 서로의 빛깔에 녹아 들었고, 너에게서 나에게로. 나에게서 너에게로 우리는 옮아 묻었다.

그랬던 네가 이젠 내 곁에 없다.

어쩌다 무엇인가 그립다 느껴지는 때에는 핸드폰을 들어 글을 쓰고, 홀로 길을 걷다 쓸쓸해지는 순간에는 이어폰을 꺼내어 음악을 들었다. 외로움에 사무쳐 혼자 있기 싫어질 때면 친구들을 만나 술도 마시고 담배도 피웠다. 그럼에도 남은 순간이 있다면, 나는 너를 떠올려야만 했다.

나에게 각인된 너에 대한 감정을 생각하지 못하고 너를 잊을 수 있을 것처럼 표정을 바꾸고, 너 없이도 충분히 행복할 것처럼 모진 말들을 가득 쏟아내며 너와의 인연을 끊어냈지만, 이제야 깨달았다. 그 모든 것이 착각이었음을.

그 모든 것을 깨달은 그날 밤, 나는 혼자 이불 속에서 좀 울었나 보다. 어째서 나 혼자만 이런 슬픔을 삼켜야 하나 머저리 같은 생각을 가지기도 했으나, 이러한 모든 것들을 담담히 받아들여야 하는, 나 혼자만의 그런 슬픔조차 미치도록 보고 싶은, 사무치는 네가 그리운 새벽이다.

오
월

그해 오월. 나는 그대에게 오열하기를 선택했다.

깊어지는 밤. 내 마음은 밀려드는, 너를 담은 어스름에 잠겨 간다. 가슴속에 스며든 잔잔한 빗물 덕분에, 숨 쉬듯 내뱉는 사랑이라는 단어가 아지랑이 피듯 머릿속에서 물결친다. 깊디깊은 고요 속. 너를 향한 마음의 불꽃 덩어리는 방향 없는 곳으로 울컥울컥 자라났다.

저 멀리 수평선 끝 반짝이는 영원을 함께 보자 기약하고 싶었으나, 나는 오늘도 침묵의 파도 속에서 하릴없이 샘솟는 단념들을 한 아름 머금은 채, 밤에서 떨어져 나온 공허 속을 떠다닌다. 여러 개의 한숨 끝에서 너를 토해내고 다시금 너를 담고 싶었으나, 이제 나는 아무것도 분간할 수 없게 되었다. 무엇이 빛과 어둠인지. 무엇이 생과 사며, 무엇이 애정과 증오인지.

이따금 너의 가느스름한 손가락들이 내 머릿속을 더듬던 손길을 기억한다. 그리움 머금은 너의 손짓처럼, 우리의 외로움이 기억의 골을 따라 더디게 흘러내린다. 그 시절 우리는 흐릿하게 아롱이는 애매함 들을 좋아했다. 여명 무렵, 계절의 언저리, 낮과 어둠의 경계, 마을과 언덕의 어름, 갈피를 잃어버린 시간의 틈새. 나의 기상 알람은 언제나 5시 14분 또는 6시 27분이었고, 너의 취침 알람은 11시 49분 또는 3시 19분이었다.

나는 오늘도 너와 나 사이 희미한 시간, 우리의 간극 사이에 서로의 사정을 괜스레 콕 한번 비벼 넣는다.

그 시절 너의 모든 것에는 뚜렷한 온기가 서려 있었다. 숨소리에서부터 작은 목소리까지. 사람의 온기를 몹시도 갈급하던 나에게 너라는 사람이 어떤 존재였을지 감히 누구도 어림할 수 없었을 것이다. 나에게 있어 너는 격정이었고, 폭발이었으며, 이내 피어나는 태양꽃이었다. 너의 온기로 인해 나 자신조차 그리도 따뜻한 사람인 것처럼 느껴져 너를 놓지 못했다. 나는 너의 손끝이 가리키는 곳에서 사랑을 주웠고, 내밀어진 손끝에서 떨어져 내리는 차가운 망설임들은 외면했다.

달 없이도 벅차오르던 오월 열하룻날, 밖으로 나와 쓰러져 있는 오토바이를 일으켜 거리를 나선다. 반대편에서 달려오는 운전자들이 혹여나 내 눈물을 보고 놀랄까봐, 맑은 날 동안은 애써 참으며 일부러 비가 오기를 기다렸다.

메타세쿼이아 나무 사이, 까맣게 익은 아스팔트 위로 파랑과 노랑이 뒤섞인 오월의 오열이 내린다. 회색 보도블록 위로 느린 걸음을 이어가던 사람들은 발걸음을 서두른다. 속도가 빨라질수록 주변의 색들은 가느다란 선으로 변해가고, 자동차가 달리며 만들어 놓은 기다란 물 자국을 따라 밟는다. 바람에 너풀거리는 머리카락 주위로 빗방울들은 윙윙거리고, 펄럭이는 바짓가랑이에 닿아 머뭇거리다 미끄러지는 바람 덕분에 나의 사타구니는 점점 차가워진다. 속도를 높여감에 따라 고슴도치같이 뾰족하게 변해버린 빗방울들이 내 눈가를 지나쳐 떨어진다. 떨어져 내리는 방울들이 아스팔트에 부서진다. 그 소리가 음계만 약간 달라진, 같은 곡조의 노래를 연거푸 듣는 기분이다. 무언가 사라짐에도 살아지는 것이 삶이라던가. 실로, 오늘이야말로, 오열하기에 딱 알맞은 오월이다.

시간

무심코 흘겨본 어떤 날의 너는 잠든 도시의 색과 닮아 있었고, 어떤 날에 너는 무던한 새벽의 가로등 불빛과 닮아있었다. 그 아래 나는 심지 잃은 램프처럼 일렁였고, 침잠해 버린 서로라는 감정의 파동은 동굴같이 고요한 어둠을 헤엄쳐 시간의 사이를 파고들었다. 유독 잊지 못할 너의 짙은 체취가 스미는 새벽. 우리의 감정은 이미 오래전 이별이었으나, 그럼에도 새벽 사이를 떠다니는 너의 잔상은 여전하게도 무척이나 아름다웠다.

하루 일과에서 빼먹을 수 없는 가장 중요한 일은, 짧더라도 너와 둘만의 시간을 갖는 것이었다. 걸을 수 있는 날은 걸었고, 그럴 수 없는 날은 벤치에 나란히 주저앉아 시간을 거슬러 오르는 풍경들을 지켜봤다. 그때마다 우리는 서로의 얼굴을 빤히 들여다보며 시선을 맞췄다. 우선 몸을 끌어안고 각자의 온기를 충분히 나눈 뒤, 가만히 서로의 얼굴을 바라보며 눈을 마주했다. 너의 눈이 나를 들여다볼 때까지 나는 잠잠히 기다린다. 몇 날 동안 반복한 후에라야 너는 내 신호를 금세 깨닫고 내 눈길 속으로 찾아들었다.

아무 말 하지 않아도 좋았다. 그냥 서로 바라만 봐도 좋았다. 그렇게 우리의 시간은 서로의 그윽한 눈동자에 반사되는 먼 산을 바라보며, 느리고 의미 없어 보이는 시간 속에 성장했다.

너라는 존재가 나에게 그러했다. 다만 시간이 지날수록, 너의 모습 위로 나의 이상이 덧대어질수록, 너라는 밑그림은 농도 조절에 실패한 수채화처럼 변해갔다. 너로서의 모든 의미와 존재는 잊혀지고, 황홀했던 그 시절은 미세한 흠집들로 변해갔다. 딱 네가 나를 원망했던 정도의 크기로, 잊으려 해도 잊고 지낼 수 없을 정도의 깊이로.

권태로웠던 어제를 뒤로 하고 새벽닭이 울기 전, 일찍이 일어나 무심코 손을 들어 차갑게 식어버린 침대를 더듬는다. 침대 위에 배열 없이 흐드러져 있던 긴 머리카락과 부드럽고 고왔던 살결이 사라졌다. 갸르릉 거리며 흔들리는 옅은 숨소리의 박동도, 물결처럼 일렁이던 달맞이꽃 향기도 느껴지지 않는 고요한, 그리고 어두운 혼자만의 새벽이 돌아왔다.

닭
똥

퇴근을 한 그녀는 직장에서 속상한 일이 있었다며 집에 들어오자마자 바닥에 주저앉아 울음을 그치지 못한다. 한참 동안 같이 널브러져 그녀를 달래주고 쓰담쓰담 해주다가, "업어줄까?" 물으니, 눈에 닭똥 같은 눈물을 매달고서 "그러면 좋지..." 말한다. 엉거주춤 쓰러져 있던 그녀의 손을 잡아 일으켜 '어이쿠' 하는 소리와 함께 등에 들쳐 매본다. 얼마나 시간이 지났을까? 조금은 진정이 됐는지 그녀가 잔잔하게 그르렁거리며 잠이 든다. 다행이다. 내 온기로 가려지는 슬픔이라서. 나도 그녀에게 도움이 될 수 있어서.

폭죽

쏟아져 내리는 것을 막을 수 없어 한참을 울었다.

앞서 떠나는 것은 네가 아닌데. 기어코 달라붙으며 헐떡이는 것도 네가 아닌데. 하늘에 물든 것도, 바람에 흩날리는 것도 네가 아닌데. 슬퍼해야만 하는 것도 네가 아닌데.

'우리의 기억은 폭죽의 잔상처럼 강렬하고, 길게 기억될거야.'

발목에 찰랑이는 눈물을 거두고, 너의 얼굴만 한참을 생각했다.

너라는 바다가

그저 청명하기만 해,
한참을 바라보았다.

결혼

작은 정원에 햇살이 비친다. 여린 화초는 벌써 오래전에 시들었지만, 키가 작은 풀들은 바람결에 살랑이며 몸을 흔든다. 화초에 물을 주던 그녀의 초록색 앞치마는 언제나 청결했다. 휴일이면 정원에는 자그마한 아이들의 웃음소리가 꽃피듯 물결쳤다. 주황빛 벽돌로 만든 담장을 넘고, 공기를 휘저으며, 작고 귀여운 파도는 나뭇잎을 흔들었다.

 그 모습에 한적한 골목길을 걷는 사람들은 잠시 걸음을 멈추고 서서, 거리에 얕은 미소를 심어 놓곤 했다. 하늘이 물들어 있는 창틀과 활짝 열린 창문, 나풀거리는 라벤더색 커튼, 에어프라이기에서 갓 꺼낸 치킨의 구수한 냄새, 라면이 보글보글 끓는 소리. 아이들은 엄마의 품속으로 뛰어들고, 나는 카메라를 꺼내 들고서 그들의 움직임을 바라보았다. 라는 꿈을 꾼다.

 나에게 있어 결혼은 공간이고, 거기에서 벌어지는 살림이었다. 나는 자주 나의 집과 주방을 그리며 가꿨다. 입구에서 거실로 이어지는 거리를 계산하고, 무엇을 사고 채

울까 고민했다. 거대한 목조 식탁을 들이고, 무드 등을 달고, 책장을 채우는 세세한 그림을 그렸다. 티 테이블 위에 예쁜 커피잔을 올려두고, 선반에는 두께와 재질이 다른 갖가지 프라이팬들을 쌓아놓자. 욕실에는 향을 켜두고, 어스름에는 호롱이는 초를 켜 놓아야지. 같은 상상 따위를 했다.

다만, 사랑 그리고 결혼. 이런 것만으로 나의 삶이 순탄해 지리라, 인생의 허무가 채워지리라 생각하지는 않는다. 나는 번번이 외로움에 잠기는 사람. 더군다나 소심한 성격에 내성적이기까지 한 나는, 친구들 사이에서도 항상 겉돌고 누군가와 제대로 어울리지도 못했다. 그러면서도 언젠가는 내 곁에 누군가 나타날 것이라는 확신을, 인연을 만날 것이라는 믿음만큼은 버릴 수 없었다.

결혼이라는 시간이 내 생각보다 훨씬 불우하고, 기쁘지만 절망적이고, 화려한 희망이지만 비참한 순간들로 채워져 있을지라도, 해보지 못한 것을 해보고 싶은 마음만큼은 포기할 수 없었다. 그러나 내 주변 결혼을 한 몇몇 친구들, 아니 모든 친구들은 하나같이 나에게 이렇게 말한다. 늦출 수 있으면 늦출 수 있을 때까지 늦춰야 하는 것이 결혼이라고. 내일모레 쉰을 바라보는 나에게까지 그렇다 말한다.

근데 사람의 삶이란 것이 다 똑같지 않을까? 멀리서 보면 희극, 가까이서 보면 비극이라는 말처럼. 잘생기고 돈 많이 버는 옆집 아들이 인스타그램에 올린 사진에서는 삶의 행복만 비춰지는 것처럼.

무튼, 내일모레 쉰을 바라보는 모태솔로인 나는 언제쯤 결혼이란 것을 할 수 있을까.

백지

백지 위, 구겨지고 일그러진 선들로 가득 찬 나날 위에 홀로 남겨져 있다. 네가 떠난 뒤, 우리가 기록했던 문장들을 전부 되짚자니 가슴이 아려 네 흔적만 들고 멀리 떠났다. 그러나 그곳에 기록된 것이 우리가 아닐까 봐. 네 그 시간을 가득 채웠던 게 내가 아닐까 봐 차마 그 종이를 펼쳐볼 수는 없었다.

하루는 우울해 보이는 너에게 어떠한 방법들로 도움을 줄 수 있을까 고민했지만, 아무것도 할 수 없는 나의 무기력함에 깊은 박탈감을 느꼈다. 너 또한 무기력하게 널브러져 있는 나에게 어떠한 활기도 불어 넣어 줄 수 없다는 사실에 모종의 서운함이나 실망감을 느꼈을 것이다. 어긋난 돼지 발톱마냥 맞물리지 못한 서로의 부분들을 그때의 우리는 서둘러 인정해야 했다. 그 순간에 우리가 서로에게 보였던 표정과 말투, 표현과 방식들은 그저 배려처럼 보이는 체념 섞인 포기였다고.

시간을 두어보자, 서로 멀찍이 머물러 보자 생각한 우

리는 품 안에 포개어 있던 모든 것들을 서둘러 놓아둔 채 서로를 서로의 일상에 방치했다. 몇 날 동안 분명한 목적이나 동기도 없던 우리의 몸짓들은 그제야 한결 편해졌는지, 저마다에 대한 비중과 가치를 놓아두고서 쉬운 마음으로, 각자의 방향으로 발걸음을 움직였다.

시작이라는 새하얀 도화지에 우리의 미래만을 기록했던 나와는 달리, 이미 반쯤 채워져 있던 너의 도화지는 무엇으로 완성 되었을까? 지우려 할수록 희미한 안개처럼 풀렸다 뭉치는 글씨들을 무시한 채 너는 그 종이를 찢으며 무슨 생각을 했을까. 너의 마음속에 나라는 잔해가 여태까지 남아있기는 할까.

네가 멀어진 하루. 평평한 종이에 우리가 함께 할 미래를 가득가득히 채워 넣었던 그날이 오래된 흑백 사진처럼 더욱 희미하게 변질되어 간다.

그날을 기억한다. 벽면을 빙 두르고 있는 견고한 책장

들에 각자의 사연들이 가득 채워져 있다. 째깍이는 시곗바늘 소리와 더불어 책상에 앉아 책을 읽고 있는 이가 사각거리며 조심스레 책장을 넘긴다. 천장에 달린 환한 조명 덕분에 나의 팔짱을 끼고 있는 너의 얼굴이 더욱 도드라지게 밝아 온다. 나를 보며 배시시 웃는 너의 눈가에는 언제나 무언가를 저지르려는 자의 신명으로 가득 차 있었고, 나는 그런 너의 모습을 바라보는 것을 즐겨 했다. 오래된 책들에서 풍겨지는 젖은 나무 냄새가 좋았다. 처음 앉는 책상의 매끄러움과 냉기가, 살짝 끌어당기면 드르륵 거리며 딸려 오는 딱딱한 플라스틱 의자가, 미끈하게 코팅된 책의 표지가, 손바닥을 쓸어내리면 까슬하게 밀리던 지우개 가루가.

내 마음은 너를 바라고.

네 마음은 나를 바랜다.

표
절

시간을 속이긴 힘들다는 게 맞는 건지, 몇 년이라는 세월이 흐르고 어느덧 내게는 빛바랜 너의 그림자만 남아 있다. 다만, 어렴풋한 흔적 속 그리움 안에 희미한 네가 보여 나를 사무치게 아리게 한다는 것이 참으로 모순적이다. 어떤 날에는 눈을 감으면 더욱더 선명해지는 게 그때에 우리는 참으로 애틋한 사랑을 했었나 보다. 너는 그리 생각할지 모르겠다만.

너를 만나고 나서 나 자신을 버렸던 나는, 형태도 남지 않는 무언가에 그때의 나날을 모조리 갈아 넣을 정도로 너를 사랑했다. 다만, 그때의 모든 일과 행동이 끝내 후회될 것임을 그때는 미처 알지 못했다. 너의 곁에 영원히 머무를 수 없다는 진실조차 그때는 믿지 못했으니. 너 역시 나와 다르지 않았으리라 생각하니 여렸던 그날의 우리 사랑이 무척이나 어렸다고 말해야 정확할 성싶다.

그때에 너는 내게 존재로서 강렬한 태양처럼 빛났고, 언제나 나를 이끌려 오게 하는 향긋함이었으며, 너의 목소리는 내가 아는 최고의 악기였다. 너는 무명의 누군가가 사계절을 모두 담아 나에게 남겨 놓은 편지였다. 봄에 피어난 새 꽃잎들 알음알음 긁어모아 햇살에 말려 켜켜이 쌓아 만든 편지지였고, 겨울을 가득 채우던 하얀 숨결 모아 짙게 찍어 바른 잉크였으며, 가을의 청명함을 가득 담아 나만을 위해 꾹꾹 눌러쓴 일기였다. 또한 너와 걷는 걸음은 목적지가 필요 없는 여행이었다. 그저 너와 걷던 길이 예쁘니 도중에 너의 신발 끈이 풀려도 기꺼이 나의 무릎을 꿇어 풀린 그것을 단단히 묶어줄 수 있는, 두렵고 아득한 터널이 아닌, 어둠을 뒤로하고 빛만을 향해 걸어 나가는, 흐르는 시간과 변해가는 계절을 함께 보내며 두 손을 꼭 붙잡고 지나치는 모든 순간에 넋을 잃고 젖어 들어 음미할 수 있는 방랑이었다. 이처럼 그저 사랑하지 않을 수 없었다. 내가 기억하는 너의 모든 모습들을.

    네가 떠난 뒤, 우리가 함께여서 추억인 줄 알았던 모든 것들이 추억이 아닌, 그저 네가 나의 추억임을 깨닫는다. 그리움 속 선연했던 그것은 너와의 추억이 아니라, 그저 너 자체였음을 네가 떠난 후라야 알아차린다. 함께 걸었던 길의 계절도, 잡았던 손이 따뜻해졌던 시간도 전부 희미한데, 그저 너란 존재만이 나에겐 가장 선명하더라.

결국 이제 와 생각해 보니, 내 가슴은 다시금 너에게로 돌아가 나 홀로 너를 사랑했구나. 후에 네가 아닌 다른 사람들과도 사랑을 하였으나, 그들에게서 너의 모습을 겹쳐보았으니 내가 사랑한 사람들은 모두 너의 표절이었구나.

수
족
관

시점을 한번 옮겨 보자.
이제 저 수족관은 아이의 세상이다.
환상적으로 움직이는 물고기와
뻐끔대며 올라오는 물방울과
펼쳐져 흔들리는 해초와
저 위를 날아오르는 고래와
끝없이 펼쳐진 은하수를 머금은
바닷속을 헤엄치는 아이.
그리고 정적, 멀어지는 시야,
깜빡이는 백열전구, 지고 있는 달.

다시 한 번, 시점을 옮겨 보자.

촉
촉

오늘 같은 촉촉한 날씨는 그녀와의 마지막을 떠올리게 한다. 맞춰 놓은 알람이 울린 지 벌써 10분이 지났다. 침대에 파묻혀 눈을 가늘게 뜨고 4분 단위로 핸드폰을 쳐다본다. 창문에 토독거리며 튀어 오르는 빗방울이 부잡스럽기도 하고, 창틈으로 새어 들어오며 슝슝거리는 바람 소리가 거슬리기도 하다. 아랫집에서 풍기는 빵 굽는 냄새, 옆집에서 들리는 화장실 물 내리는 소리, 누군가 클락션을 누르며 도로를 질주하는 소리도 또렷이 감지된다.

몸을 일으켜 샤워를 하고, 모닝커피를 챙겨 마시고, 컴퓨터 앞에 앉아 글을 쓰는 상상을 한다. 무슨 양말을 신을지, 면도를 할지 말지 망설이기도 해본다. 오늘은 무슨 일정이 있고, 어떤 글을 써야 하는지도 생각한다.

상상은 흐르고 흐르다, 종국에는 하루를 끝마치고 다시금 포근한 잠에 빠져들 바로 이 자리, 침대 속으로 몸을 침잠시키는 밤까지 그려보기도 한다. 이불을 뒤집어쓰고 핸드폰을 쳐다보면서 이런저런 망상들로 하루를 몽땅 그리는 아침. 그렇게 알람이 울리고 한참이 더 지난, 더 이상 머물러 있을 명분이 없어진 나는, 어쨌든 이곳을 나가야 그녀를 만날지도 모른다는 생각에 움츠렸던 몸을 느리게 일으켰다.

커튼을 걷고, 창문을 열고, 정수기로 향한다. 물 한 잔 벌컥이고, 씻고, 머리단장을 마친다. 그리고는 신발장 가장 깊숙이 넣어둔 우산을 꺼낸다. 이제는 온전히 그녀를 느낄 시간. 그녀를 만났을 때 신었던 신발을 꺼낸다. 나는 퀭한 눈으로 문을 열고 집을 나선다.

길 위로 축축함이 세차게 떨어진다. 별똥별이 떨어지는 것처럼 빗방울이 하늘에서 떨어진다. 은행잎이 소복하게 들어찬 동그란 물웅덩이 위로, 달빛을 품은 물방울이 쏟아진다. 화가 날 정도로 슬픔에 잠기기 충분한 깊은 가을. 올곧은 빗줄기는 계속해서 바닥을 두드리고, 웅성거리는 물의 웅덩이를 만든다.

빗물이 쌓인다. 그 위로 거친 발길이 쏟아진다. 화가 나면 물을 때리라던가? 내리꽂히는 발걸음에 노란 은행잎이 물웅덩이 안에서 헤엄치듯 이리저리 흔들린다. 폭우에 갇힌 산의 헐떡이는 숨결이 밀려온다. 몸의 리듬에 맞춰 나는 걸음을 옮긴다. 부드럽고, 침착하고, 가볍게, 물고기가 바다를 떠나 강물을 거슬러 올라가듯, 흘러가듯, 걸어간다. 빗물이 나뭇잎을 거세게 핥는다.

어느덧 창문에 먹빛이 가시자 건너편에서 새소리가 들려온다. 오늘도 나는 무미건조한 시선으로 비스듬하게 기울어진 사람과 풍경 사이의 언저리를 무심하게 바라보며, 이 전에 뱉어낸 말들을 주섬주섬 떠올렸다. 그리고는 어제의 내가 버렸던 글들을 하나둘 긁어모은다. 핸드폰 메모장에 적혀 있는 미흡하고 어리숙한 글들도 이제는 더 이상 함부로 지우지 않겠다. 다짐한다. 하나도 지우지 않고 내 머릿속 깊숙이 밀어 넣으며, 버리지 않으면 쓰레기가 아니라 생각한다. 그러한 것들이 모여 세상에 존재하지 않았던 무언가를 발현시킬 수도 있으니까.

눈

갈 곳 잃은 감정이라 여겼다. 그저 떠나가지 못해 멈춰버린 감정인 줄 모르고. 어떤 방향으로도 쏟아지지 못하는 감정 속에서, 단지 시간만 냉혹하고 모질게 흘렀다.

봄이 부시게 너를 앓았다. 뜨거웠던 소중함은 식어가고, 어느덧 우리의 열망은 쇠잔해졌다. 많은 날들이 그러하듯, 그날도 모두가 행복한 날은 아니었다. 네가 떠난 지금. 나는 혼자다.

겨울의 손길이 어루만진 대지 위, 서리는 천천히 내려앉은 자연의 책장 같았다. 바닥을 얇게 덮고 있는 얼음 결정은 내 걸음에 바삭바삭 밟히며 감추인 세계의 편린들을 나에게 알려주는 듯 했다. 왼발과 오른발에서 달리 들려오는 속삭임은 겨울의 서곡을 연주하듯 저편으로 퍼져나간다.

언젠가 너를 닮은 이야기를 몰래 적어 내렸다. 다른 누군가의 모습이 아닌, 그저 그런 아름다움의 가치를 담은 말이 아닌, 나의 가녀린 추억뿐인 너의 이야기를.

"그냥, 우울한 이야기만 하기에는 날씨가 너무 좋아서." 엉덩이에 묻은 눈을 털어내며, 너는 허공 위로 소리를 던졌다.

눈부신 얼음 결정들이 어려 있던 갈색 나무, 하얀 하늘, 보송보송 피어나던 눈꽃, 겨울의 한복판에 찍혀 있는, 거리위에 내려앉은, 반짝이는, 눈, 너의.

뚜렷한 방향도 없이 발 닿는 대로 걸어가다, 새삼스레 허공에 떠다니는 너의 자국을 더듬는다. 땅 위로 얼음의 결정체들이 내려앉는다. 나의 감정에는 관심조차 없는 듯, 차갑고 밝고 찬연하게 내려앉는다.

사
유
한
다

희망을 닮은 붉은 색으로 물들어 있던 하늘은, 어느덧 무겁고도 차가운 침묵의 색으로 물들어 간다. 이토록 침잠한 어둠이 내려앉은 정원은 언제나 나에게 많은 물음들을 던져 왔다.

초록빛 잔디와 대조되는 노오란 조명, 흘러가는 강물, 약간은 후덥지근하게 불어오는 봄과 여름 언저리의 바람과 시선의 끝자락에 솟아나 있는 언덕. 주위는 무척이나 고요하다. 가끔 풀벌레 울음소리나 새소리가 들려오는 것만도 같았다. 한가로이 떠 있는 가로등불을 길잡이 삼아 길을 걷는다. 내 발자국 소리가 커지면, 그에 맞춰 나의 심장도 조금씩 빠르게 박동한다.

메타세퀘이어길을 걷는다. 나의 발길질에 바스라진 흙먼지가 허공을 배회하다, 신발 위로 뽀얗게 내려앉는다. 그 모습이 괜스레 미안한지 푸른색 수국들이 얼굴을 붉게 물들인다. 팽나무 그늘아래 자리 잡은 디딤돌들, 잔디 사이사이를 누비며 무언가를 열심히 찾는 개미들의 모습이 분주해 보이기도 하다. 노란 개나리와 민들레, 복수초 사이를 바삐 움직이는 벌들 덕분에 향긋한 꽃냄새가, 비비적거리며 풍겨나는 잘린 잔디 향기가 나의 마음을 더욱 차분하게 만들어 준다. 푸르른 느티나무. 하얗게 피어난 영산홍. 보랏빛 패랭이꽃이.

정원에 새겨져 있는 모든 것들은 멈춰진 듯 보였지만, 결국에는 어느 방향으로든 흐르고 있었다. 시간이 흐름에 가지들은 하늘을 향해 나아갔고, 꽃들은 자신들만의 방법들로 피어났으며, 저 멀리서 달음박질하는 아이들도 자신만의 속도로 성장해 갔다.

어두움이 깊어짐에 뜨겁게 달궈졌던 잔디와 도로, 강물이 식어간다. 물길 끝자락 언저리에서부터 물안개는 피어오르고, 그 위로 물방울인지 뭔지 모를 작고 오묘한 것들이 반짝거리기 시작한다. 바람의 손길을 따라 반짝이고 또 반짝이며 차분해진 정원 위로, 잠잠히 머무르는 정원 위로 조심스레 번져간다.

갈 길을 잃은 것 같은 나의 발걸음도 어딘지 모를 곳을 향해 나아간다. 어디로 가야 할지는 알지 못하지만, 어딘가로든 갈 수 있으니까. 그저 내 마음이 이끌리는 대로, 발걸음이 닿는 대로 잔잔한 침묵이 내려앉은 정원을 헤매인다. 헤매임이 길어질수록, 발걸음이 늘어날수록. 내가 걸어온 길 위에서 느껴지는 모든 것들이, 사소할 수도, 심오할 수도 있는 모든 것들이 나의 일부분이 되어 간다.

언제나 그랬듯 정원은 자신이 가지고 있는 이야기를 나에게 속삭였고, 나는 그것들을 사유한다.

발자국

챙겨준 게 너무 많지 않아 웃으며 돌아설 수 없었어. 한 걸음씩 멀어지던 때 씁쓸함이 내 입가에 맴돌고, 비릿한 겨울바람에 지워지던 발자국들. 뒤돌아선 순간, 그간의 시간이 흔적으로 남아 물에 닿아 흘러내린 사진처럼 일그러져버린 나의 봄날아. 하루를 기대고 오늘 버티다 보면, 잠시 잠깐이나마 추억할까. 힘겨웠던 그날들.

가
난

그랬던 적이 있다. 손에 잡히지 않지만, 흐뭇한 미래의 상상이 주는 달콤함에 빠져, 상상만으로 채워지는 하루하루를 즐겼다. 누구에게도 피해를 주지 않았지만, 매 순간을 즐겼던 나만의 달콤함은 언제나 나의 모든 마음과 상황들을 더욱 가난하게 만들었다. 그야말로 피해자는 나뿐인 달콤함이라 말하겠다.

오늘도 그 달콤함에 잠식되어 손에 잡히지 않을 만큼 멀찍이 떨어진, 게슴츠레하게 흐릿한 너라는 사랑을 망상한다. 수채화 빛으로 아롱지다 바람에 녹아드는 너의 머리칼, 태양을 머금고 한껏 붉게 달아오르다가도 달에서부터 흘러나온 푸르름이 아련하게 묻어 있는 너의 피붓결, 양털 같은 뭉게구름들을 모조리 껴안았음에도 불구하고, 하늘의 색을 여지없이 뽐내고 있는 너의 눈동자. 달콤한 너라는, 손 닿을 수 없는 신기루에 잠식된 채 오늘도 나의 세계는 어제보다 가난해진다.

총총걸음

너에게 이별을 말한 뒤 돌아 서리라.
서로의 뒷모습만 오랫동안 바라보았다.

일부러 천천히 걸었으리라.
서로에게서 무겁게 멀어지던 그 순간.

삼류 아침 드라마 허접한 시나리오,
B급 영화에 자주 나오던 장면처럼,

흩날리는 바람결,
그 머리칼 손아귀로 부여잡고,

가지 말라 붙잡는 듯 헝클어지던 니 머리에,
추억이란 머리삔 슬그머니 심어주고,

서둘러 재촉했던 총총걸음.

너,

이제 그만 총총.

장마

멈출 줄 모르는 비가 내 이마 위로 들이친다. 그날의 나 또한 당신에게 한없이 젖어 내렸던가. 장마의 계절이다.

고개 너머에서부터 안개구름이 물비린내를 풍기며 피어온다. 아우성치며 드러나는 빗줄기가 후줄근한 내 기분처럼, 비옷의 주름을 따라 바닥으로 주륵 주륵 떨어져 내린다. 순간, 대기의 탁도는 높아지고, 막힌 배수구에서 꾸덕이며 넘쳐흐르는 빗물 때문에 거리의 서성거림은 질퍼덕거린다.

그때에 난, 무심하게 떨어지는, 막연하게 쏟아져 내리는 너라는 소나기를 피할 생각이 없어 맞고만 있던 것은 아니었다. 단지 막을 수 있는 우산이 없었고, 너라는 스며듦이 꽤나 깊숙하게, 집요하게 나의 일상에 파고 들었을 뿐이었다. 랄까.

넌 떨어져 내림으로 나를 채웠지만, 난 속절없이 흘러

드는 너를 머금을 수밖에 없었다. 그렇게 내 안에 있던 처절한 감상들을 모조리 집어삼킨 너는, 나의 상처마저 먹어치우고, 숨어있는 모든 심상까지 잡아먹었다. 그때의 나에게는 더 이상 내가 남아있지 않았다. 나라는 모든 것을 차지한 네가 있을 뿐.

 너와 사랑을 나누던 시절, 너를 만나기 전 언제나 라디오에서 흘러나오는 일기예보를 주의 깊게 들었다. 오늘의 날씨를 점치듯 그날의 사랑을 점치고, 온도가 바뀌고 비가 내리고 장마가 넘겨지듯, 언젠가는 지나쳐갈 우리의 사랑을 홀로 헤아리며 판단하기를 즐겼다. 다만 그러한 나의 행동들이 그날에 나를 향한 너의 열정을 더 차갑게 하거나 더 뜨겁게 하지 않았고, 우리의 이별을 덜 슬프게 하거나 더 슬프게 하지도 않았다.

 너와 함께 겪는, 한순간에 머무르다 사라지는 우리의 찰나들을 나는 사랑했다. 나란히 길을 걸을 때 바람에 밀려 어렴풋한 시선으로 나를 훑는 너의 향수가, 막차를 태워 보내며 차창 너머로 언뜻 마주치다 멀어지는 너의 손길이, 만남의 끝자락마다 너에게 이별을 전할까 말까 매 순간 고민했던 그러한 찰나들을 사랑했다. 너는 어떨지 모르겠지만.

손에 쥐어지지 않던 나에 대한 너의 사랑과는 반대로, 너에 대한 나의 열망은 지독하게 내리쬐는 여름날에 어김없이 찾게 되는 건조하고 찬 공기 같았다. 너의 손길은 언제나 나에게만 습하고 찐득하기 그지없었기에.

찬란하게 빛을 내며 서러운 색을 뽐내던 우리의 사랑 이야기는 그저 나 홀로 발 동동 구르는, 별것 아닌 관심에도 서러워서 엉엉 울어버리는 빛바랜 짝사랑이었던가. 그날조차도 입술 메말라가는 느낌으로 나를 스쳐 가는 너의 눈길을 부러워했다. 너는 그리 매몰차게 나를 밀쳐 넘어뜨리면 내가 금세 포기할 것이라 예상했다. 나 또한 그럴 줄 알았으니.

하여 미화된 기억 속에서 벅차오름 들로만 점철되어야 할 너와 나의 이야기는, 서둘러 뻔한 결말을 재촉하던 우리의 생각들은, 한없이 투명한 하늘에서 속절없이 쏟아지던 너라는 소나기는, 미련들로 끝끝내 사무쳐 네 잔상이 보일까 눈마저 감지 못하는 나는, 어느덧 어릴 적에 망상했던 허황된 바람들처럼 허공으로 속절없이 흩어졌다.

떨어지던 그날에 내가 취할 수 있는 나의 모든 말과 행동이 오늘에 내리는 장마의 선율에 담겨있고, 침묵할 수밖에 없었던 그때의 사랑은 그런 형태조차 유지하기 바빴기에, 그저 오늘은 벅차오르지 않고 눈꺼풀만 내린 채 바닥에 쏟아지련다.

작별하지 않는다

인사를 건네면, 끝이 내 호흡까지 사무치게 파고들어와 실감이 날까 두려웠다.

끝내, 인사를 미루고야 만다. 이게 끝일 리 없다며 서름하게 읊조린다.

실은, 끝인 것을 명명백백히 알기에 끝을 부여잡으며 마침표를 찍고 싶지 않았다.

당신에게 마지막 인사를 차마 건넬 수가 없었다.

당신의 마지막 눈을 보면 목이 잠겨버리고 말 것이기에.

고로, 나는 당신과 작별하지 않는다.

눈, 그림자, 시선, 넋…

끝이자 시작인 지금의 계절과 너와 나의 관계는 닮은 꼴이었다. 세월은 끊임없이 나에게서 너를 밀쳐냈지만, 돌아오는 계절은 어김없이 너에게로 나를 이끌었다.

온기 없이 쨍하기만한 햇살이 떨어진다. 피부를 에는 듯 한 바람, 얼어붙은 입술과 벌어진 손마디마다 겨울이 서려 있다. 한껏 차가워진 공기를 입으로 들이마시니 가슴에 뻐근한 통증이 느껴진다. 벌어진 옷깃을 여미며 옅은 숨을 여러 번 쪼개고 콧구멍을 열어 공기를 헐떡거리니 보송보송한 얼음알갱이들이 달라붙는 듯도 하다.

깊어지는 겨울, 너는 나에게 진눈깨비를 닮은 첫눈이었다. 불현듯 찾아오더라도 반가움에 버선발로 뛰쳐나가는, 찬란하게 빛나는 눈꽃 속 방울져 흩날리는 서글픔 같은, 서둘러 사라져 버리면 아쉬움에 한껏 젖어 들어도 슬픔엔 젖어 들지 않을 것 같은, 그런 진눈깨비를 닮은 첫눈.

네가 내렸던 밤. 그토록 순결한 진눈깨비를 닮은 너의

곁엔 어느덧 춥고 시린 밤이 머무르고, 소복이 쌓이지 못하고, 사그라지는 것이 못내 못마땅해 괜시리 눈물 흘리는 내가 있었다. 너는 붉게 피어난 입술로 나직이 나를 읊조렸고, 나는 그에 화답하듯 물끄러미 너를 읽으며 붉게 물든 너를 적어 내렸다.

눈, 그림자, 시선, 넋...

그러다 적힌 글자들이 너무도 각지고 날카로워 손가락을 베였다.

버려진 밤. 진눈깨비 같던 당신이 흘러내려 사라져 버린 그날. 그때에 나에게서 흘러내린 것은 무엇이었을지, 그에 스며드는 것은 무엇이었을지.

창밖으로 한참이나 네가 내린다. 내리는 것들은 추억을 반으로 포개어 덮고, 녹아들어 젖기 직전까지 어린 투정으로 나를 감춰준다.

네게 나는 무엇이었나.

네가 녹아내려 짙어져만 가는 밤. 홀연히 너를 맞던 나는, 너를 기억할 수 있는 무언가를 남기기 위해 오늘도 젖은 손등 위에 글을 새긴다.

닿지도 못할 너를 맞은, 나 홀로 젖어가는, 처량하게 적셔져 가는 긴긴밤이다.

꽃

어제는 너에게 꽃을 선물하고 싶었다. 바람에 실려 온 싱그러운 풀 내음과 꽃의 향기로움이 함께 전해지면 얼마나 좋을까. 그로인해 너의 입가에 퍼진 미소가 얼마나 꽃을 닮아 있을런지 기대에 가득 부풀어 올랐다. 나도 몰래 피식 한번 웃어본다. 입가에 당신을 그리는 미소가 찰나에 머물렀다 사라진다.

머릿속에 여러 모습을 그려보다 문득, 이마저 너에게 부담이 되려나, 네가 막연하게 꽃을 좋아 할 거라며 지레짐작한 걸까, 이미 꽃 한 송이를 손에 들고 있음에도 여러 생각들이 휘몰아친다.

생각에 의미를 부여하지 말자 매번 되뇌어도, 우린 서로 다르기에 당신의 생각을 알 수 없음을 안다. 그럼에도 나는 계절을 따라 너에게로 간다. 너에게로 가 네가 나로 인해 미소를 피워준다면, 분명 나를 꽃으로 여겨준 것일 테니.

이런 나에게도
문득 사랑은 찾아왔다

빗속의 버드나무는 차가워진 한 줄기 바람에 흔들린다. 30대. 편견에 사로잡혀 세상을 쏘다니던 젊은이는 의자의 고요함을 닮은 그녀의 모습에서 등불을 발견했다. 그 불은 너무도 눈부셔 내 얼굴에 드리운 모든 것에 대한 어두움도 더는 깊어지지 않았다.

조심스러우면서도 단아하고 사려 깊은 성품이 느껴지던 눈동자, 수줍게 빛나던 연보라색 숄, 남색과 하얀색으로 곱게 짜인 블라우스를 입은, 찰랑거리는 머리 위에 아기자기한 머리핀을 꼽고 있던.

그녀를 만난 순간, 나는 비너스의 환생을 떠올렸고, 운명의 여신과의 조우였으며, 납빛 심장에 큐피드의 핑크빛 화살이 깊숙이 틀어박히는 순간이었다.

찬연했던 시간이 흐르고. 그녀는 이따금씩 비가 오는 날이면 뜬금없이 나를 버려두고 어딘가로 떠나겠다며, 차분하고 조용하게 전화기 너머로 읊조렸다. 나는 그럴 때마다 덜컹이는 심장을 부여잡고 그녀의 집 주변을 서성였다.

한사코 그녀를 기다리다, 우연찮게 골목 어귀에서 마주친 그녀에게 방금 나온 거라며 둘러대고는, 차가워진 손을 내밀어 그녀의 가방을 대신 들고서 한걸음 앞장서 걸었다.

    그리고 계획에도 없던 그 날도 비가 내렸다. 그날에 그녀는 우산을 쓰고 나를 집 앞까지 데려다주었다. 그것이 우리의 마지막은 아닐 거라, 나는 생각했다. 하지만, 그날따라 젖어 드는 빗물이 그녀의 마음에 스며들어 또 한 번 파동을 일으켰는지, 그녀는 심장을 열고서 울긋불긋 돋아난 문신 같은 상처를 내게 보여주었고, 나에게 습관처럼 이별을 내뱉었다. 무방비한 나의 손가락이 겁먹은 그녀의 눈동자에서 흘러나오는 눈물을 더듬고서, 평소완 다르게 단호하게 뒤돌아선다. 그녀는 울부짖다 놀라고, 황망한 목소리로 나에게 '진심이 아니다.' 구원을 청했지만, 수많은 날 동안 내 마음대로 해석한 그녀의 목소리 때문에, 그것은 사랑의 증거가 아니라고 잘라 말하며 그녀에게서 도망쳤다.

밤이었는지 새벽이었는지, 아무튼 흐린 구름이 걷히고, 부지런한 태양이 지난날의 흔적을 고스란히 드러내기 전. 서툴게 짐작한 이별로 인해 나는 엉망진창이 되어 버렸고, 빗물 섞인, 자조 섞인 울음을 내뱉으며 멀어져간 그 자리를 맴돌며 한동안 머뭇거렸다. 시간은 넘치도록 많은데, 집으로 어서 돌아오라고 재촉하는 사람도 없는데, 꽃가지를 조용조용 흔들고 있는 아카시아는 저리도 아름다운데, 공기 속에 흩날리는 아카시아 향기는 참을 수 없을 만큼 은은하고 포근하기만 한데...

그날에 내 곁에 남아 있는 것이라고는 맥이 빠질 정도로 탁 트인 풍경뿐이었다. 한여름의 장마가 조금 이르게 왔었던 그때에, 홀로 남겨졌다 생각한 나는 지금도 그날의 매일을 반복한다. 눈이 빛을 잃고, 다리가 말을 듣지 않을 때까지 계속해서 반복한다.

기껍다

우리의 소설이 끝나고 시작된 나의 끝없는 소설은, 네가 떠나고 나서야 너를 더 사랑하게 만드는 비극이었나 보다. 어쩌면 너를 만난 것이 운명이었듯, 나는 필연적으로 비극적 결말에 다다른 것일지도 모른다. 그럼에도 나는 끝까지 이 소설의 끝이 희극이길 바란다. 허나 나의 비극이 소설의 완성일지라도, 개연성 짙은 우리의 인연의 결과가 비극일지라도, 나는 그조차 기껍다.

클
로
버

행운만을 바라며 살아온 시간동안
버려놓았던 행복을, 이제 잡았다.

꽉 잡았다.

빛깔

삶이 바람 빠진 풍선처럼 바다 위를 가까스로 떠다닌다 느껴질 때, 어떠한 감흥도 없이 하루하루 스러진다고 느낄 때, 그럴 때마다 나는 너의 눈빛을 떠올린다.

어느 날 햇빛에 반사되어 훤히 드러나던 너의 그 밝은 다홍빛 심장 덕분에 내 마음 문이 열리고, 그 찬연하고도 허무한 빛깔 속으로 나는 흘러내리듯 빨려들었다.

그때의 너는 알고 있었을까? 내가 낯선 몸을 얼마나 두려워하는지, 얼마나 그 이물감에 몸을 떠는지, 나에게 있어 너라는 낯섦을 넘어서는 일이 얼마나 길고도 고단한 과정이었는지. 그때의 너는 알고 있었을까.

한번은 너를 담으려 다가서는 나의 쪽빛 그림자를 마주할 때마다 서름해지는 너의 얼굴을 보며 너에게 낯빛을 맞추는 것조차 버거웠고, 매번 새로이 마주하는 것 같은 너의 모습들에 마치 처음 보는 시 구절을 억지로 암송하듯 옹알이지는 글자들을 매일 밤 잘근거리며 곱씹었다.

너의 얼굴은, 몸은, 머리카락은, 향기는 왜 그토록 나에게 구체적이었을까. 평생을 앞에 두고 바라보아도 모두 읽을 수 없을 정도로 높다랗게 쌓여있는 책과 같이, 너의 주름살, 너의 움직임, 너의 낮은 어깨, 너의 표정들을 무던히 바라보아도 읽히는 것은 아무것도 없었다.

아무리 예습을 해도 앞서가지 못하는 열등생처럼, 나에게 너는 고단이었다. 함께 있어 즐거우나, 그만큼, 그 즐거움의 크기만큼 너는 나에게 고단했다. 나를 향한 너의 감정조차 온전히 헤아릴 수 없게 만들 정도로.

그럴 때마다 나는 처음에 내 마음을 두드리던 너의 눈빛을 찾는다. 그때에 연약하던 빛깔이 어찌나 부드럽던지, 거칠은 나의 두려움을 허탈하게 만들었던, 나를 스스로 무너지게 만들었던.

망
상

짙어지는 여름, 푸릇하게 밝혀 놓은 하늘 아래 나무 한 그루 홀로 서 있다. 나는 괜스레 뜨거운 날씨 탓을 하며 초록빛 나뭇잎 아래에 드리운 너의 그늘로 들어선다. 여전한 네가 바람에 흘러든다. 너의 작은 흥얼거림에 나무는 흔들리고, 내가 한 발짝 다가섬에 네가 흔들린다.

훅하고 불어오는 나의 행동이 네 눈에는 무척이나 엉뚱해 보이는지 네가 웃는다. 나의 무엇이 매 순간 너를 그토록 웃음 짓게 하는지 나는 언제나 궁금해 미칠 것만 같았다. 나의 손짓이 너의 겨드랑이 사이를 파고들며 간지럽히는 바람이었을까? 나의 몸짓이 너의 귓가를 맴놀며 홀럭이는 민들레 씨앗이었을까?

너와의 짧은 손 마주침에 묻어난 익숙한 그 향기에 나는 눈을 감는다. 내 취향의 후각적 환상들로 완성되던 너는 초여름에 맡게 되는 흰 라일락 향기 같았다. 때론 정향이 감도는 보랏빛의 라일락이었으며, 어떤 날에는 붉은 과육이 탐스러운 오렌지 같기도 했다.

그때에 너는 보도블록의 틈바구니에 피어 있는 들꽃을 좋아했다. 꾸밈없이 평범하게 자라난 노란빛의 그 꽃을. 내 눈동자에 들어선 네가 자그마한 그 꽃잎처럼 매 순간 샛노랗게 웃음 지을 때마다, 말갛게 웃음 띄우는 너의 생기에 내 애달픔의 밀도는 늘 느슨해졌다.

어떤 날에 우리는 앞서 여름을 맞이하는 비를 맞으며 처마 밑에 머물렀다. 빗망울들이 서두름 없는 속도로 너의 머릿결을 쓰다듬는다. 시간이 감에 빗소리는 점차 잦아들었지만, 그에 반해 마주 닿은 너의 어깨너머로 잔잔한 떨림이 흘러온다.

고개 숙인 너를 바라본다. 촉촉하게 젖어있는 머리칼 아래 너의 눈동자에서 작은 빛이 잠깐 나타났다 사라진다. 찰나에 비친 그 모습은 나를 설레게 만들었고, 노을을 머금은 너의 입술이 붉은빛으로 파르르 떨려온다. 알 듯 모를 듯한 서로의 감정들은 허공에 넘 노닐고, 나는 손을 들어 허락 없이 너의 얼굴을 따라 번져가는 오월의 흔적들을 훔쳐냈다.

그 순간 내 모든 환상의 집합체인 너와의 미래를 망상했다. 공상에 사로잡힌 나는 신기루 같은 너에게 스스럼없이 나의 모든 세상을 내보였다. 나는 언제나 통장에게 미안해한다며 너털웃음을 내보였고, 내가 바라본 너의 눈동자에는 두려움이나 아쉬움 같은, 혹은 내가 결단코 지각하지 못할 복합 미묘한 느낌들이 떠올라 있었다.

그날 이후로 더 이상 내 곁에 너는 없었다.

돌이켜 보니 너는 언제나 나에게 현실을 직시할 수밖에 없게 만드는 그런 슬픔이었다. 이 전과는 다르게 그날의 너 덕분에 내가 깨달은 것이 하나 있다. 그날의 우리에게 사랑이란, 어디에나 진열되어 있음에도 불구하고 돈이 없다면 구매할 수 없는 상품 같은 것이었다.

네가 떠난 뒤, 그날에 나 홀로 네가 없는 길을 걷게 되고서야 틈바구니에 피어난 그 꽃을 비로소 온전히 마주할 수 있었다. 한낮 거리의 뜨거운 열기가 무색할 정도로 피어 있던, 잔잔한 바람에 샛노랗게 흔들리던, 바닥에 들러붙어 여리게 잠방거리던. 네가 없는 나는 그제야 희미했던 그날의 슬픔을 온전하게 한가득 머금고서 음미할 수 있었다.

정말 눈물

그래, 넌 내가 매번 진지한 무언가를 말할 때마다 우는 척을 했다. 내가 이야기하는 말투에 맞춰서 우는소리를 냈고, 나의 손짓마다 너는 코를 훌쩍거리며 울먹였다. 한참을 서로에 대해 이야기하다, 이따금씩 너를 달래주려 눈을 마주치면, 너는 배시시 눈웃음치며 콧잔등을 타고 흘러내리던 방울들을 스윽 닦아내곤 했다. 그럼 난 '아, 또 속았구나.' 생각하며 너를 닮은 눈웃음을 내비치곤 했다.

하루는 매번 똑같이 흐르는 눈물이 신기해 너에게 물었다.

"정말로 찔끔 눈물이 나온다구.. 근데 마주 보면 웃음도 나온다구..."나는 멋쩍게 웃으며 한참을 생각했다. 아. 정말 눈물이구나.

외
롭
진 않
　 아

혼자 있을 때? 외롭진 않아. 그냥 누군가와 함께 있다가. 어딘가에 소속되어 있다가. 한순간, 아무것도 아닌 것처럼 떨어져 나갔을 때? 그냥 그때의 그런 허전함이 있는 것 같아.

어렸을 땐 혼자 있는 걸 정말 싫어했었어. 부모님이 집에 자주 안 계셨거든. 그래서 혼자 집에 있는 게 정말 싫어 밖에 나가 또래 친구들과 놀다가 너무 늦게 들어와 부모님에게 혼나는 일이 부지기수였지. 그땐 그만큼 혼자 있는 걸 싫어했던 것 같아.

하지만 시간이 지나고 직장생활을 하고 나이를 먹어갈수록, 친구들을 자주 만나고 어울리고 연락하고 그러는 시간이 길어질수록, 많은 사람과 만나며 부대낄수록, 점점 혼자 있고 싶다. 혼자만의 여유를 즐기고 싶다. 라는 생각이 종종 들더라고.

그렇지만 막상 혼자 있게 되면 홀가분하다거나 즐거

운 기분보다는 약간 허전한 거. 외롭거나 쓸쓸한 게 아니라 단지 허전한 거. 그런 기분이 들 때가 더 많았어. 가끔은 그 허전함과 답답함에서 벗어나고 싶어 혼자 여행을 떠나기도 했지. 근데 그때 기억을 돌이켜 보면 부질없는 투정이었던 것 같아. 혼자서만 하는 투정. 친구들과 다른 사람들한테는 늘 혼자 있고 싶다고 말하면서 관심받고 싶고, 혹시 누군가 나와 함께 있어 줄까? 누군가 먼저 다가와 말 걸어 주지 않을까? 눈길 한번 주진 않을까? 하는.

근데, 혼자 있을 때 느꼈던 감정들이 꼭 싫지만은 않았던 것 같아. 함께 있으면 보지 못한 것들, 느끼지 못했던 것들을 전부 보고 느낄 수 있거든. 내 곁에 자리하고 있는 사람, 흘러가는 시간 따위는 전혀 의식할 필요 없고, 하늘에 떠 있는 수많은 별 하나하나 자세히 볼 수 있고, 노래를 들을 때면 가사 하나하나가 내 귓가에 울리고, 창밖을 바라보며 가만히 있으면 숙소 앞에 있는 개울가에 물 흘러가는 소리, 바람이 나무를 휘감는 소리, 잎이 떨어지며 자기들끼리 서로 부대끼는 소리, 사람들의 웃음소리, 각자의 어색한 모습들.

　여행을 가더라도 내가 가고 싶은 곳, 내가 먹고 싶은 것, 그 장소가 맘에 들면 그곳에서 더 머무르며 시간을 보낼 수도 있고, 모든 것이 새롭고 설레는 기분. 둘이 있으면 절대 느낄 수 없는 그런 기분.

　나 혼자만의 시간. 나 혼자만의 만남. 나 혼자만의 모습들.

　한 번쯤 눈을 감고 상상해 봐. 바닷가엔 아무도 없어. 너무나 조용해 적막감마저 흐를 정도로. 밀려와 부서지는 파도 소리를 제외하고. 그리고 너의 손에는 향긋한 커피 한잔 들려 있고 스피커에서는 잔잔한 노래가 흘러나와. 그 노랫소리를 들으며 하얀 모래사장을 걷는 거야. 바다를 바라보며 한발 두발 천천히. 파도가 백사장에 맞닿아 부딪히며 하얀 포말을 만들고, 심겨 있는 소나무들은 바람에 흔들리며 서로에게 인사하고. 아무도 없는 모래사장을 걷다 어느 순간 뒤돌아서면, 올곧은 하나의 길처럼 내 발자국만 찍혀있는 거야. 영화나 소설 속에 나오는 이야기처럼, 내 발자국 하나만 길게 찍혀 있는 거지.

고개를 들고 하늘을 바라봤을 때, 나의 시선 끝자락이 하늘 너머에 닿았을 때. 그곳에 적당한 구름이 몽실몽실 떠다니고 그 구름 사이로 아침 11시를 닮은 밝은 빛살이 바다로 쏟아지는 거야. 그 빛살이 쏟아질 때, 그 빛살이 파도에 부서질 때, 은빛 윤슬을 일으키며 파도가 눈부실 때.

그때의 그 느낌이란 말로 표현할 수가 없지. 이런 느낌 있잖아. 세상의 중심에서 사랑을 외치다? 같은 기분. 느낌 아니까. 이런 느낌들도 다 중독이더라고. 근데 아이러니하게도 이렇게 아름다운 장면들을 볼 때면, 누군가에게 보여 주고 싶어서 사진을 찍는다. 내가 오늘의 시간을 추억할 수 있게, 오늘의 기억을 남기기 위해 사진을 찍기도 하지만, 항상 사진을 찍어서 누군가에겐 보내주게 되더라고. 아니면 SNS에 사진을 올리고서 댓글이 달리길 기다리는 거지. 친구들이 사진 좀 적당히 올리라고 하면 그냥 심심해서 올린 거라고 혼자 웅얼거리면서.

외롭지 않고 단지 허전한 거라고 말하지만, 혼자 여행 다니는 게 좋다고 말하지만, 그래도 제일 좋은 건 이런 모든 감정을 함께 느끼고 공감할 수 있는 누군가와 함께 머무르고 대화할 수 있는 것 같아. 마음이 맞는 누군가와 함께 이야기하고 소통하는 거.

결론은 외롭구나. 나도 사랑하며 누군가와 함께하고 싶구나.

파란

어떤 날의 무더위엔 너의 얼굴에 웃음이 비치다가도, 오랜 장맛비 속에서는 너의 가슴 속 아픔이 보였다. 너와 함께 머무르는 날들이 늘어남에, 나의 감정은 모든 날씨에 요동쳤고, 다양해졌으며, 그토록 나에게 밀려오던 푸르른 너는, 파란이었다.

옳았다

너는 나에게 언제나 이런 말을 되뇌었다.

'너의 주위에 머무르고 있는 너무 소소한 것들까진 사랑할 필요 없어. 주위에서 보이는 모든 것들을 손아귀에 쥐고 오롯이 사랑을 주려 한다면, 어떤 시간 뒤에는 네가 사랑해 마지않던 그것들 덕분에 너는 분명히 울게 될 거야.'

너의 그런 말들에도 불구하고, 너의 말을 믿지 않은 나는 너에게 그토록 나쁜 사람이었나 보다.

내 귀에 못이 박히도록 그런 말들을 들었음에도, 나는 쿰쿰한 냄새가 진득하게 묻어 있는 너의 낡은 책장을 사랑했고, 치덕거리며 좁은 우산을 비집고 들어오는 너의 어깨를 사랑했고, 하얀 잎사귀가 알알이 박혀 있던 너의 남색 원피스를 사랑했고, 크리스마스 선물로 너에게 받은 행켈 냄비 세트를 사랑했고, 내 품에 안겨 코를 킁킁거리며 내 채취를 맡는 너의 모든 것을 사랑했다.

그래서 책이 찢어졌을 때, 우산을 잃어버렸을 때, 냄비 세트가 노랗게 익어 버려야 했을 때,

그리고 네가 내 곁을 떠났을 때. 그때마다 나는 울어야만 했다.

그래, 네 말이 옳았다. 나에게 사랑이라 불렸던 모든 것들은 너와 같이 나를 울게 만들었다.

외치며

모든 걸 놓고 싶던, 손안에 든 적 없던 것들조차 놓아버리고 싶던 침묵의 밤. 홀로 창틀에 둘러앉아 새벽 동안 꺽꺽 울었다. 깊게 잠들어 있는 네가 혹여나 깰까 조용히 꾹 참고 눈물만 흘리며 새벽처럼 울었다. 그러다 동이 트기 전즈음 네가 누워 있는 이불 속으로 들어가 마저 흐느꼈다. 새벽 달빛에 차갑게 식은 몸뚱이가 바르르 떨려 온다. 적절했던 이불 속 온도는 네가 알아챌 수 있을 정도로 빠르게 식어갔고, 너는 졸린 눈을 비비며 너의 깊숙한 곳으로 나를 바짝 끌어당긴다. 그리고 토닥이며 나를 위로한다.

오랜만에 너와 함께했던 카페에 앉아 음악을 들으며 작년 여름 즈음에 적어놨던 일기를 꺼내본다. 꽤 햇살이 좋은 목요일 오후. 빨강과 파랑을 섞으면 보라가 된다는 건 교과서에서 배웠지만, 보라와 궁합이 잘 맞는 녀석이 초록이라는 사실은 교실 밖 수국에게 배웠다. 새로운 배움에 대한 기대감을 안고 오늘처럼 유난히 좋은 날이면 어김없이 너와 함께 카페를 나섰다.

'날씨는 좋겠다, 좋아서. 햇살은 좋겠다, 빛나서.'를

속으로 외치며.

계절을 잃은 당신에게

바닥엔 퍼석한 낙엽과 차가운 공기가 내려 있다. 문득 지루해져도 좋을 것 같은 기분이다. 시리던 겨울을 따뜻하게 버티기 위해 열을 내던 시간과 더운 땀을 흘리며 버텨온 여름을 지나, 옅은 찬 공기를 맞이한 오늘의 순간. 쌓아두었던 무언가를 조금씩 내려놓아도 될 것만 같았다. 그럼에도 몸은 내 의지와 상관없이 달음박질하려 했지만, 엉덩이를 제자리에 떨어뜨려 본다. 한 쉼 한 후, 한발 앞서가는 시선을 조용히 바라보다 자그마하게 울컥이는 내 어깨를 다독였다.

매일 오후, 너와 함께 뛰었던 운동장은 고래만큼 넓었다. 모래와 또 다른 색의 모래로 구분된 큰 직사각형의 한가운데에는 특이하게 은행나무가 심어져 있었다. 언제 심어졌는지 기록되어 있을 것으로 추정된 양철판은 알 수 없는 선배님의 발놀림에 짓밟힌 지 오래, 다만 한눈에 봐도 이 학교에 다니는 그 누구보다도 나이가 많다는 것을 알 수 있을 정도로 컸다.

비가 내리면 그 커다란 은행나무의 모든 잎사귀는 하나같이 축축하게 젖어 들었고, 어떤 날에 태양은 고래를 닮은 운동장에 머무르며 숨겨져 있던 모래들을 모조리 데웠으며, 어떤 날에 바람은 은행나무의 모든 가지들을 남김없이 쥐어 흔들었다. 그곳엔 언제나 비가 오고, 태양이 내렸고, 바람이 불었다. 너와 내가 뛰놀던 운동장을 통해 우리는 계절의 변화를 실감했다.

한 장씩 떨궈낸 달력들이 어느새 수북이 쌓여 바닥을 나뒹군다. 가을이 왔다. 밥을 먹고 난 후 애석하게도 바닥으로 기울어지는 머리가 무겁다. 그것을 온전히 가을 탓이라 말하기엔 너무도 아름다운 날씨다. 그날 이후로 언제나 나는 적당한 온도를 찾으며 방황했다. 네가 떠난 후 이유 없이 마음이 따뜻해지기도 했으며, 가끔은 시린 그제의 기억이 덫이 되어 나를 옭아맸다. 그때의 가을에 일이 모든 것을 익어가게 만드는 것이었다면, 그때에 내가 할 수 있는 일은 너만을 떠올리는 것이었다.

그 계절이 마냥 아프지만은 않았다. 돌아오는 가을들은 그런 날 숨겨주기라도 하겠다는 듯 진물이 날 땐 노란색으로, 피가 배어나올 때엔 붉은색으로, 딱지가 질 때쯤엔 갈색으로, 찬연한 상처를 닮은 색들로 물들였기에.

그동안 서로를 식어가게 한 것은 무엇인가. 더불어 멀어지게 한 것은 무엇인가. 답을 내지 못한 채, 미친년 널뛰기 하는 것 마냥 난장을 피우는 마음의 일교 차이처럼, 나는 어떠한 갈피를 잡을 수 없었다. 낙엽 하나만 떨어뜨려 놓고 떠나간 너에게 어떠한 이유도 듣지 못할 것을 알기에, 그저 잠잠히 묻지 않았다. 홀로 상처 입은 내게, 아름다움만이 미학은 아니라고 말해주는 나태함의 계절. 올해도 그런 너를 반기겠다.

이
러
다　살
　찌
　겠
　네

자신이 어쩔 수 없는 것들을 너무 가볍게 확신하면 안 된다. '영원히 사랑해' 라든가, '너와 절대로 헤어지지 않을 거야' 라든가. 그런 말들은 언제나 서로에게 족쇄가 된다. 사람이 가진 것 중 유일하게 변하지 않는 것은 지랄 맞은 성격뿐이고, 세상에서 내 생각대로 되는 것은 '이러다 살찌겠는데.' 뿐이다.

희망이 차다

어떤 날, 희망이 차다며 너는 의자 위에 놓인 외투를 걸쳤다. 날이 차다고 하는 게 맞을 터인데, 왜 너는 희망이 차다 말 했을까. 이해가 가질 않았지만, 거뭇하게 변해버린 네 눈가에 나는 아무런 말도 더하지 못했다.

어떤 날, 너는 너의 미래를 입에 올렸다. 서름한 생기 따위도 없던 네 눈에 희망이 들어차는 게 그리도 좋아, 나는 신나게 너의 이야기를 고이 품었다. 다만, 이야기가 더해갈수록 왜인지 네가 말하는 너의 미래엔 내가 존재하지 않는 것 같은 기분이 들었다. 또한 네 희망의 근원이 우울인 것 같다는 생각은 덤이고.

어떤 날, 너는 너무 우울해 보였다. 나는 걱정스러운 마음으로 너에게 우울하냐 물었지만, 너는 앙상한 목소리로 고개를 저으며, 그저 희망이 찬 것뿐이라 답했다. 텅 빈 공중에 소리치는 것만 같은 기분이다.

어떤 날, 너의 손을 잡고, 눈을 맞추고 대화를 하게 된 그 순간에라야 나는 너의 말들을 겨우 이해할 수 있었다.

우울하다기엔 너의 체온은 잔뜩 따스했고, 희망차다기엔 희망을 말하는 너의 입술은 그토록 파랗디파랗다. 그제야 네 말의 본뜻을 깨달은 내 표정은 볼품없이 일그러졌다. 왜 그러냐는 너의 물음에 나는 그저 희망이 차다고 답했다. 그래, 정말 희망찬 우울이다.

어른

문뜩 그때의 향기가 떠올랐다. 너와 함께했던 습도와 멀어지던 서로의 온도가. 그때에 서로의 결정은 옳았고, 서로는 조용히 머물다 울었다.

공감될 수 없는 미련들로 점철되어지던 우리의 그때, 울타리 너머에서 던져지는 무의미한 말들로 서로의 모습이 허물어지던 그때.

그때에 그저 어리기만 했던 우린 보다 나은 어른이 돼야 했었고, 그렇게 자라난 아이는 아이를 만들어 진짜 어른이 되어야 했다. 한없이 어렸던 그때, 이전에 우리는 사라지고 어른이 된 우리만 아이를 바라보며 인생의 끝을 기다린다.

춥고, 높고, 길다.

나에게 있어 하루란, 지나가는 시간일 뿐 그 이상의 어떠한 특별함이 아니었다. 다만, 네가 머물러 깊게 박혀 버린 어제만이 내 이상 속 어딘가를 부유하며 나에게 특별함으로 각인되어 있다.

잔뜩 흐린 오늘도 거리를 방황하며 네가 머물렀던 어제를 생각한다. 어제에 너와 함께 머물렀던 모든 장소와 즐겼던 경험들이 완벽하게 구체적으로 기억되지 않고 기록되어 있지도 않지만, 그때에 느꼈던 찰나의 감정과 순간의 기억들은 여전히 내 마음속에 굳게 찍혀 너라는 행복한 감정으로 완벽하게 기억되어 있다.

네가 없어 뒤척이던 밤, 불현듯 너의 목소리를 잊으러 나온 새벽은 일과를 마친 뒤 전화기를 통해 너의 하루를 밝게 외치던 너의 목소리를 더욱 회상하게 만든다. 너라는 어제를 떨쳐 버리려 시도 했던 많은 노력들조차 너라는 어제를 상기시키고 살아 숨 쉬며 끝끝내 나를 괴롭게 만든다.

달력에 적힌 어제의 날짜가 필요를 잃듯, 너라는 어제도 이미 오래전에 빛을 바랬지만, 나는 아직도 그날의 하루만을 살아간다.

이미 흘러가 버린 어제는 어디에 머물러 있는 걸까? 몸을 한껏 초록으로 부풀리던 봄도, 시끄럽게 쏟아지며 울어대던 여름도, 살아있는 건 뭐든 뚝뚝 떨어지게 하던 가을도 사라지고 없다.

또다시 돌아온 나의 겨울만 여전히 춥고, 높고, 길다.

(참조 1. 박연준 희미해지는것들

관계

너를 나의 무엇이라고 말할까? 나는 너의 무엇일까? 자주 연락하고 서로 생각하면서도, 우리는 관계를 맺지 못하고 각자의 자리에서 쓸쓸해한다. 시간이 흐른 다음에 지금 우리 사이는 정당한 이름을 얻을 수 있을까?

아니면 우리는 이대로 아무것도 아닌 사람이 되는 걸까.

기
록

몰아치는 파도에 굳건한 모래성은 스러지고, 무료하게 부는 바람 덕분에 어제의 전부가 무너져 날리는 오늘. 구태여 잔뜩 흐린 오늘의 기분을 달랠 필요도 없었다. 나는 오늘도 짓궂은 낮과 밤의 경계에 머무르다 '어쭙잖은 감성에 소모되는 감정 소비가 싫을 뿐이었다.' 혼잣말을 되뇌며, 한쪽으로 깊어만 가는 마음에 서툰 위안을 건네고서 당신을 그리던 마음 쪽으로, 망설임 없던 순간의 너에게로 들어선다.

입김이 연기처럼 흐드러지게 피던 날, 하루의 귀퉁이를 슬그머니 접어 두고서 함께 바라보았던 젖은 노을의 기울어진 시선을 나는 여전히 기억한다. 손때 짙게 물든 책 내음이 너와 나의 콧잔등을 간지럽히며 피어오르던 카페, 창틀에 걸터앉아 물끄러미 서로를 바라보았던 시간, 따뜻한 커피잔 두 손으로 받쳐 쥐고서 은은하게 피어오르는 뜨거운 향기가 너의 입술 언저리쯤에서 흩어지던 순간을. 그날 우리는 겨울 속에 한참 동안 잠잠히 머물렀지만, 그 어느 날보다 서로에 대한 그리움의 온도는 짙어져 갔다.

그때에 나는 네가 곁에 있었기에 스스로에게 사랑을 주었고, 저 멀리 떠나는 너를 배웅하며 타인에게 사랑을 건네는 방법들을 깨달았다. 무언가 두어개 즈음 모자랐던 나를, 나라는 사람을 긍정이라 이야기 해주어 무척이나 고마웠다. 내게 있어 물보다 더한 네가 없는 지금을 어찌하면 버텨낼 수 있을까. 6월의 장마도 가고 이제 남은 건 작열하는 태양 빛에 말라 드는 잎새뿐인데, 너와 함께였던 공간의 습기가 벌써부터 그리웁다.

말라가는 시간 위로 바스라진 추억들이 갈린 채 비처럼 내린다. 그날의 촉촉함을 애써 밀쳐버리고 나의 기억을 더욱 건조하게 만드는 열기가 흐른다. 혹여나 꿈에서 내가 바랐던 그 날씨, 혹은 그 온도 속에서 너를 한 번 즈음 더 볼 수 있을까를 희망했었다. 그런 작고 알량한 기대를 머금고, 바짓단에 묻어 있는 먼지를 털어내듯 묻히지 않는 무언가에 묻지 않고서 기억 속에 남겨진 너를 오늘도 기록한다.

솔직하고, 순수했으며, 슬픔이든 사랑이든 무수한 감정들을 표현하고 아끼지 않았던 너의 사랑스러운 눈동자를 기억한다. 사랑이라는 글자가 명사가 아니라 동사라는 걸 모든 이에게 증명이라도 하듯, 사랑은 원래 주고받는 것이라 외치며 확신에 전율하던 너의 목소리를 기억한다. 너의 몸에 배어 있던 사소한 행동 하나하나에서, 그런 너의 반짝거림에서 내가 얼마나 많은 치유를 받았는지 너는 모를 것이다.

익어가는 밤. 오늘도 깊어만 가는 나의 사랑에 깊이를 가늠할 수 없어 너라는 내일을 기피했다. 담배를 끊는 가장 좋은 방법은 그냥 끊는 것이라 말한다. 그 이외에 나머지 방법들은 담배를 끊는 방법이 아닌 담배에 대한 미련을 표현하는 방법이라던가. 오늘도 미련한 난, 너를 그리는 내 마음에 서툰 위안을 건네며 너에게 미련한다.

벚
꽃

오늘도 홀로 걷는다.

오늘의 벚꽃은 이전의 기억에 남아 있던 벚꽃만큼 화려하지 않았고, 어떠한 향기도 풍기지 않았다. 이따금 복잡한 마음을 정리하기 위해 걸었던 이 길이, 오늘따라 무척이나 난해하게 느껴지는 건 단순히 기분 탓이겠지. 그날의 산책로는 나에게 줄 수 있는 최고의 위로였다 랄까.

내 기억 속 그 길은 아름다웠다. 물론 우아함과 순수함도 함께 담고 있었다. 밝게 빛나는 해와 부드러운 바람, 그리고 푸른 하늘이 만들어내는 아름다움. 그 순간에 느꼈던 아름다움들은, 마치, 볕이 들지 않는 동굴 깊숙한 곳에 틀어박혀 있는, 잠들어 있는 나만의 미소를 강제로 끌어내는 듯 한 느낌을 줬고, 그때의 감상은 세상의 것들을 잠시 동안 잊게 만들기 충분했다.

떨어져버린 벚꽃의 흩날리는 흔적들을 눈으로 좇으며 길을 걷는다. 어둠속을 방황하던 바람이 무겁게 길 위로 깔리며 미세한 꽃잎들을 불어 올리고, 꽃잎은 하얀 구름처럼 하늘로 퍼지며 서서히 멀어져간다. 산책로를 비추는 조명은 허공에 닿지 못하고, 드리운 나무들은 끝없이 이어지는 그림자를 하늘 아래로 내던지며 내 걸음을 재촉한다.

 나무들 사이로 이따금 고개를 내밀 던 별빛은 점차 어둠에 잠식되고, 쏟아지는 조명을 온전히 머금고 있는 벚꽃들은, 그리움과 손 맞잡고 걷고 있는 나에게, 자그마한 안부의 인사를 건네는 듯했다.

 내 귓가에 서늘한 바람이 머물다 떠나간다. 어디론가 서둘러 도망하는 그 소리를 붙잡고서 올라타 보려 했으나, 자신의 자유로운 처지에 흥분한 바람은, 어느 것에도 주저함 없이 휘몰아치다 허공으로 사라져간다.

 그에 맞춰, 순백색으로 물들은채, 분홍 미소를 머금고서 바닥에 잠잠히 머물러 있던 벚꽃 잎이, 바람에 녹아든 벚꽃 잎이, 그날의 추억을 머금고서 나에게로 밀려온다.

내 눈앞에서 역동적으로 흔들린다. 그 흔들림은 마치 자그마한 요정의 춤사위 같았고, 나의 영혼은 그 아름다움에 감탄을 금치 못하고, 함께 흔들리어 간다.

찰나동안 일어나는 동화같이 순수한 풍경을 즐기며, 벚꽃의 매혹적인 미모에 홀리어, 홀로 산책로를 걷는다.

노을을 잃은 저녁 하늘은 세상보다 더욱 짙은 밤으로 변해가고, 그에 맞춰 나무 아래 놓여있는 조명들은 아우성치듯 허공으로 색색의 빛들을 토해낸다. 별들을 집어삼켰는지 쏟아지는 노란 불빛에 초록빛 잎사귀는 노을처럼 붉게 물들고, 떨어져버린 벚꽃 잎들이 다시금 피어나는 듯 보였다.

그와 더불어 어디선가 향긋한 벚꽃 향기가 피어나듯, 나의 청춘도 피어나는 듯했다.

지금의 감정과 느낌들이 한 순간에 사라져버리지 않

게, 나는 주머니를 열어 시간의 유리병 속에서 오늘의 아름다움을 담아낸다. 이 순간이 영원히 이어졌으면 좋겠다는 이루어질 수 없는 바람조차 희망하는 오늘이다.

플라스틱 같은 사랑

서로에게 편리했던, 사용하면 안 되는 걸 잘 알지만, 편하게 이용할 수밖에 없었던 플라스틱같이.
너는 나를 이용 했고, 나는 너에게 사용당했다.

불타오르는 사랑을 했었지만, 쉽게 녹아버릴 수밖에 없었던 사랑.
마지막엔 형태도 알아볼 수 없을 만큼, 비참하게 녹아버린 사랑.

너와 난, 단지 그럴 수밖에 없었다.

플라스틱처럼.

12월 32일

어제는 거세게 봄이 내렸다가, 오늘은 은근히 겨울이 불어옵니다. 딱히 글을 익힌 적이 없어 언어의 폭이 좁을 수는 있겠으나, 제 생각의 폭까지 좁지는 않습니다. 매일 꾸지는 않지만, 어떤 날은 잊고 살다가도, 무언가 불편하거나 우울한 마음에 젖게 될 때 즈음엔 당신 꿈을 꿉니다. 꿈속에서 당신과 함께 거닐던 발걸음들을 곰곰이 헤아리다, 당신의 얼굴에 깊어진 주름들을 하나둘 헤아리다 눈을 뜹니다.

새벽녘에 일어나 하염없이 멀기만 해 보이는 능선, 그 자락 너머 어딘가에 빛나고 있을 새벽별을 찾아봅니다. 어떤 날 당신은 나에게 물었지요, 살아오면서 가장 행복했던 때가 언제였냐고. 나는 손을 들어 입을 가리고는 소녀처럼 웃었지요. 질문의 의도가 너무 뻔하게 느껴졌던 탓이었을까요? 물론 나는 그때에 당신에게 어떠한 답도 하지 않았습니다. 그러면서 나 또한 궁금해지기 시작했습니다. 당신은 살면서, 살아오면서, 살아가면서 어떠한 순간이 가장 행복했을까? 우리가 함께했던 순간들 중 어느 한순간이라도 꼽으실까.

 어떤 날 우리는 함께 빗방울이 바다에 떨어지는 모습을 오랫동안 바라보았지요. 무수한 방울들이 순식간에 바다로 스며들고는, 얼룩조차 남지 않고 사라지는 모습은 한편으로 장엄하기도, 때론 슬프게도 느껴졌습니다. 그때에 저의 심장 소리가 빗소리에 공명하며 당신께도 전해졌던가요? 사방이 자욱했던 그 날이 오늘도 선명하게 느껴집니다,

 당신도 나로 인해 한해하고도 몇 달이 행복했습니까? 당신과 지냈던 순간들, 당신과 함께했던 기억들. 당신의 나의 손을 잡아 주는 것만으로도 나의 마음은 파란처럼 부풀었고, 저 멀리서 나를 향해 걸어오는 발걸음만으로도 내 영혼은 한없이 요동쳤던 순간이 떠오릅니다.

 당신과 함께였을 때는 기울어진 처마 밑이라도 기대어 쉴 수 있는 안식처였고, 당신과 내가 머물렀던 순간이

세상의 중심이었습니다. 동쪽에서 불어오는 바람 한 점마저, 좁은 사랑방으로 밀려들던 아침 햇살도, 바닷가로 떼 지어 몰려가던 붉은 노을도, 당신이 있기에 아름다웠고, 당신이 없기에 가슴 아렸습니다. 그때 그 시절 나의 생은 어떠한 것들보다 빛나는 무엇이었습니다.

하지만, 이제는 모든 것들도 희미해져 가는 것 같습니다. 애써 기억하려 했던 것들마저 눅눅한 어둠 속으로 걸어 들어가는 것이, 당신에게 한없이 미안하고 쑥스럽습니다.

어느덧, 가늘던 눈발이 조금씩 굵게 내리기 시작합니다. 사람이 진정으로 죽는 것은 누군가의 기억에서 잊혀질 때라 말합니다. 오늘은 눈이 내리지만, 마당 위에 어떤 것도 쌓이지는 않습니다. 포개어지지 않고, 모여들지 않는 눈처럼. 제 기억 속에 이제는 당신에 관한 어떤 기억도, 당신의 목소리와 당신의 얼굴, 당신의 미소와 표정도 고스란히 잊히는 중이라는 것이 너무도 비극적이게 다가옵니다.

그러니, 당신도, 이제 그만 나에 대한 기억을 잊으소서.

아직은 하고 싶은 말이 많으나, 이제는 잊혀진 당신을 향한 소녀의 그리운 마음 또한 긴 여백으로 남겨 넓게 비워두려 하오니, 그러니.

당신도 소녀에 대한 기억을 이만 잊으소서.

그
곳

이번 주 내내 비가 내렸다. 어제가 지난 오늘도 비가 내린다. 그리고 내일도 비가 내리려나. 나는 비가 오는 것을 썩 좋아하지 않는다. 비가 오는 날에는 장사가 안되기 때문에 기분이 몹시 나쁘다. (근데 비가 안 와도 장사는 안된다...) 허나, 올해 초 우연찮게 알게 된 그곳은 비가 오는 날에만 갈 수 있었기에, 아무것도 적혀 있지 않은 매출 기록부에 아무 의미 없는 숫자들만 적었다 지우며 종종 비가 내리기를 기다렸다.

어렸을 적에는 비 오는 날을 몹시 좋아했다. 폭풍우가 심하게 치는 날이면 반바지에 슬리퍼를 신고 밖으로 나가 한참 동안 비를 맞고 들어오곤 했다. 그냥 옛날부터 제정신이 아니었다는 말이다.

이른 아침부터 쏟아지는 빗줄기에 내 마음이 동했나, 급하게 짐을 챙겨 그곳으로 향한다. 서둘러 자리를 정리하고 의자에 파묻힌 채로 떨어지는 빗방울들을 바라본다. 멀찍이 다리 위에는 차가 달리고, 공원 바닥 물웅덩이 위로 무수한 파문이 쌓여간다. 노랫소리가 커지면 그에 맞춰 나의 가슴도 웅장해진다.

꽃

우리 평생을 꽃으로 살자.

그저 필 때 피고
질 때 지며

바람에 실려 좋은 향기 퍼뜨리고
정처 없는 나비에게 쉼을 주고
겁 많던 벌들에게 달콤함을 알려주고

어느날엔가 때가 되면
이제 눈이 닿을 땅에게 비켜주자.

푸른 나비

나는 어렸을 때부터 나비가 싫었다. 선교원 2층 계단 벽면에 걸려있던 박제된 나비 표본 액자를 보면 징그러워서 눈을 돌렸었다. 멀리서는 마냥 예쁘게 보였던 것들은 실상 전혀 그러질 못했다. 무엇이든 깊게 관찰하는 습관을 버리지 못하고 마주해보면 애벌레 같은 몸통, 파리나 잠자리 같은 눈, 거미 같은 다리, 물고기 비늘 같은 날개 주름이 불쾌하기에 그지없었다. 원래도 곤충을 싫어했었으니 별로 이상한 일은 아니었다. 나에겐 나비든 잠자리든 나방이든 초파리든 다 똑같은 존재였다.

그런데 너는 유독 나비를 좋아했다. 푸른 나비를. 너의 물건에는 항상 나비가 새겨져 있었고 나는 그게 좋았다. 푸른 나비는 흔하지만 너에게 꽤나 잘 어울렸기에, 푸른 나비를 보게 되면 자연스럽게 네 생각이 났다. 나비를 싫어했던 것도 나이를 먹고 보니 '좋고, 싫다.'를 심하게 따질 필요성은 못 느껴서, 네가 좋은 나는 어느 순간부터 내 물건에도 나비를 새겼다. 네가 좋아하는 걸 나도 좋아해 주고 싶었다.

그만 좀 질척거리라는 너의 말을 마지막으로, 저 짓거리를 다 끝내고 보니 제일 먼저 든 감정은 다름 아닌 허무함이었다. 그리고 조금만 생각해 보면 너무나 단순하고 멍청했던 짓이었다는 걸 깨달았다. 그냥, 나조차도 좋아하는 것에 살면서 크게 의미를 두지 않았는데, 그 애라고 다를 게 뭐가 있었겠나 싶었다. 단순하게 말해서 난 설레발을 친 거다. 내가 나비를 싫어하는 것에 별생각이 없었던 것처럼, 그 애가 나비를 좋아하는 것에도 별생각이 없었을 거라고 생각하지 못했고, 그걸 현재에 이르러서야 깨달았다.

한층 더 깊은 회의감에 빠진 것은, 심지어 나는 이런 일이 한두 번이 아니었다는 것이었다. 나는 정말 좋아하는 사람과 더 가까워지고 싶은 마음에, 상대의 관심사를 열심히 공부하는 일이 종종 있었다. 그 머리로 공부를 했으면 이라는 말이 나올 정도로. 그러나 끝은 다 같았다. 겨우 상대와 발을 맞췄겠다 싶어서 옆을 바라보면, 이미 상대는 저 멀리까지 걸어가 뒷모습만이 보였다.

이제는 안다. 일주일을 꼬박 샌 노력보다는, 5초도 안 걸리는 달콤한 말이나 선물들이 더 효율이 좋다는 걸. 애초에 내 노력은 로맨틱하다고 포장할 수는 있겠지만 어찌 됐든 무식했었다. 나는 이제 더 이상 상대의 관심사에 관심을 두지 않는다. 여전히 푸른 나비를 보면 그 애가 떠오르지만, 더 이상 그 애를 좋아하지 않는다. 나에겐 그 애가 나비였을지도 모르겠다.

이런 날

똑같이 반복되는 허무한 날들 속.

한 번쯤,

어쩌다 한 번쯤은,

이런 날도 있어야지.

세
상

꽃이 색을 되찾을 무렵. 되려 너에게로 옮아진 나는, 태풍이 펼쳐 놓은 물안개가 되어 세상으로 쏟아진다. 무게와 질감도 느껴지지 않을 그것에게서 도망하려 했으나, 소름 끼치도록 나에게 들러붙는다. 나를 잃어 신음하는 너 또한 모조리 뒤덮는다.

너는 사랑이 식어가면 만남이 지루해 진다 말했다. 만남이 식어가는 이유는 네가 아닌 나에게 있다 익히 들어왔지만, 뿌옇게 변한 나는 너의 뒤틀린 틈바구니 사이를 비집고 스며들었다. 여러 가지 이유가 놓인 책장 사이 은밀하게 적힌 너의 본심을 그냥 지나칠 순 없었기에.

배배 꼬여 어긋나 있는 너의 사진첩을 뒤적거리며 사진들을 하나하나 지우고, 성기게 널브러져 있던 흐릿한 감정들을 평평하게 펴 놓으니, 숨겨져 있던 그것들이 나름 사랑인 것만도 같았다. 아니, 사랑이 맞았던 듯했다. 굳이 모두가 사랑이 아니라 말하던 순간까지 가지는 않아도 될 것 같다는 생각에, 네 맘속에 흩뿌려져 있던 그것들을 모조리 긁어모아 불을 질렀다. 타올라라 타올라라 염원하며 불을 붙였다.

내 사랑은 가진 게 줄어들었지만, 네 사랑은 남은 게 없어졌다.

온 세상이 나더러 떠나간 너를 찾으라 속삭이고서 내 귓바퀴를 부여잡고 맴맴 울어댄다. 절대 너를 잊지 말라고 소리치며 머릿속을 어지럽힌다. 내 눈은 어떻게든 너를 다시 보겠다며 감기지 않고, 걷어낼 수 없는 그리움은 물밀듯 치덕거리며 나를 닮은, 너로 덮인 세상 쪽으로 세차게 나를 끌어당긴다.

몇
겹

너는 나의 손을 잡고, 두 눈을 마주하고, 소름 돋을 정도로 침착한 목소리와 말투로 나에게 '돌아가고 싶은 때가 있냐.' 물었다. 나는 떨리는 손을 다독이며, 초점 잃은 눈동자를 바로 잡으며, '그런 물음이 필요 없었던 때로 돌아가고 싶다.' 울었다.

여느 연인처럼 너는 나와 이별했다. 많은 사람들은 나에게 말했다. 이별은 고요하게 다가오는, 침묵과 꼭 닮은, 조용히 흐느낄 수밖에 없는 멀어짐이라고. 너와 나의 이별도 그들이 옹알이던 웅성거림과 꼭 같았다.

거리의 등불마저 손 놓아버린 가녀린 밤. 고개를 들어 서로가 마주했던 우주를 바라본다. 떠다니는 별들, 샐 수 없이 무수한, 몇 겁의 날 동안 쏟아졌을.

일
기

아침이면 지난밤 쓰지 못했던 일기를 몰아 쓰듯 너를 불렀다. 침대에서 일어나면 나를 기다리던 식물들에게 물을 주며 창가에 앉아 온 마음을 다해 너의 이름을 불렀다. 걸터앉아 기록하던 일기장엔 온통 내 목소리만이 웅성이며 메아리쳤다. 아마도 써 내려간 그것은 편지였을지 모른다. 하지만 누구의 대답도 없었으니, 단순히 일기라고 부르는 게 맞을 성싶다. 언젠가 너는 내게 말했다. 내 목소리는 네가 듣기엔 너무도 작았다고. 물론 크기의 문제가 아니었겠지. 아무리 크게 불러도 네가 대답했을 리 만무했으니.

그렇게 내 편지가 일기에 불과하다는 것을 확인하는 아침이면, 나는 힘없던 내 목소리를 힐난하며 눈물을 더한다. 그리고서 편지가 되지 못한 일기장에 거짓말들을 늘어놓는다. 나밖에 보지 않는, 나만이 볼 수 있는 그 작고 하얀 종이 위에, 이제는 더 이상 너를 사랑하지 않는다고, 다 잊었노라 다짐하듯 눈물 만든 거짓을 적었다.

너의 번호

미안하단 말 한마디로 너의 시간들을 지워 버리기엔 그 시간들이 너무도 힘들었다. 어렵지 않게 다가갔던 그 발걸음들을 되돌리기엔 우린 너무 가까웠었지. 안녕이란 한마디에 많은 의미들을 쌓아놓고, 멀어지는 그림자 속 보이지 않던 그리움에, 지워지던 네 모습 지워지는 네 사진에, 기억으로 남아 있던 잊혀질 너의 번호.

손자욱만 추억되더라.

1월

그날. 나는 너에게 여전한 설렘으로 젖어 들었고, 나를 향한 너의 떨림은 어느새 잦아들었다. 어느덧 필연이라 생각했던 우리의 만남은 경험해 봄 직한 시련이 되었고, 점차 익숙해진 미련들로 점철되었다.

햇살이 차가운 그날도 우리는 쓸려 다니는 계절에 어우러진 채 익숙한 골목을 나란히 서성거린다. 차분히 내려앉은 새벽공기를 마시다, 우연스레 마주친 유리창에 비친 내 모습이 오늘도 어김없이 초라하게만 보였다. 타원형으로 수그러진 어깨와 거북목, 착 달라붙어 멋스럽지 않은 머리칼, 듬성듬성 허옇게 떠버린 피부, 생기 없는 눈동자, 말라비틀어진 입술.

멍하니 유리창을 바라본다. 정리되지 못한 수많은 생각들이 머릿속을 맴돌다, 오르지 못하는 허상처럼 바닥 아래로 스스럼없이 널브러진다. 언제나 같은 곳을 보고 함께 걸어가자 말하던 너의 모습이 뿌옇게 흩어진다. 차갑게 쏟아지는 햇살에 반사되는 너의 그림자가 나의 등 뒤로 늘어진다. 어느덧 손 닿을 곳 없이 흐릿해져 가는 너의 흔적만 멈추인 눈동자로 쫓아본다. 나는 그저, 그저 흐릿하게 바스러지는 너의 그림자만 넋 잃은 채 바라볼 수밖에 없었다.

나의 1월이 녹는다. 나는 홀로 멈춰졌다. 어느덧 우리의 시간은 찰나에 모든 의미를 잃고, 텅 빈 영원히 나의 모든 것을 감싸안는다.

오늘. 네가 떠난 1월이 왔다. 또 다시 너라는 겨울 앞에 우뚝 선다. 참으로 오래도록 그리워했던 겨울이 돌아왔다.

이
별

나에게 있어 연애를 경험해 본 다른 이들의 조언은 존잘로 태어난 사람이 헌팅과 소개팅을 두려워하지 말라고 청중들에게 연설하는 느낌이었달까. 왜냐하면 나는 내일 모래 쉰을 바라보는 모태솔로니까.

무심결에 뱉어진 한숨처럼, 새끼발가락을 찍었을 때 의도치 않게 쏟아지는 외마디 비명처럼, 언제나 다른 이들에게 나라는 사람을 이렇게 말했다. 이별에 관한 조언들 따위엔 지극히 무관심한 편이라고.

개인적인 각자의 사랑들로 점철될 수밖에 없는 연애라는 것은 필연적으로 나의 날것인 모습과 온전한 생각들을 상대에게 내어주는 것이기에, 연애가 끝마쳐진 후에는 허무함만이 가득하고 텅장(텅 빈 통장)이라 무일푼일 수밖에 없다는 것은 당연한 수순이라 생각한다. 나의 전부를 내어줬고 가져갔던 사람이 내 손 닿을 수 없는 곳으로 떠나가 버린 것이기에.

그렇기에 권태에서 시작되어 이별이란 종착역으로 향하는 터널 속은 각자의 그러한 연유들 덕분에 애증이라는 공기로 퀴퀴하게 들어차 있다. 몇몇 헤어짐은 터널에 오래 머무른 듯 눈시울을 붉히고 따갑게 만든다. 그렇다고 끝이 어디까지인지 알 수 없는 터널 속을 눈을 감거나 숨을 참은 채 내달릴 수도 없는 노릇이다. 이별이란 것이 단순히 눈만 씻어낸다고 해결되는 것은 아니기에. 더욱이 진심 섞인 마음을 들여 씻어내야 할 것은 따로 있다.

필연적으로 사람과 사람 사이에 이별이란 것은 흔적을 남긴다. 연인과 골랐던 커플티를 시작으로, 그 사람이 사준 신발, 같이 갔던 여행지, 주고받은 목소리와 카톡, 소소하게 함께 걷던 산책길의 자취까지. 만남의 사이가 깊을수록 상대방의 흔적은 무수히 다양하고, 반짝이처럼 흩뿌려져 있어 시간을 두고 정리한다 하더라도 깊은 산골 밤하늘의 별을 세는 일처럼 어렵다 느낄 수밖에 없다. 또한 당연스럽게도 그 흔적이 예기치 못한 곳에서 발견되기도 한다. 언제였던가, 지갑 속 깊숙이 넣어두었던 전전전 여자 친구의 증명사진을 전전 여자 친구가 뒤늦게 발견한 적이 있다. 그때의 당혹스러움은 어떤 언어로 형언할 수 있을까. 그때에 나는 멍청하게 중언부언하다 그 사진을 바닥에 버렸었던가, 몰래 주머니에 넣었었던가. 나는 내일 모래 쉰을 바라보는 모태솔로다.

각설하고, 앞서 말한 흔적보다 더욱 큰 문제가 있다면 그것은 어딘가에 각인 되어 버린 잔상일 것이다. 장소에 남겨진 기억이라는 잔상은 어디로 치워놓거나 버릴 수 있는 것이 아니기에. 매일 늦은 오후 떨어지는 햇살을 맞으며 그 사람과 산책을 하던 공원에 발길을 끊을 수야 있겠다만, 길을 걸으며 마주쳤던 노을까지야 보지 않을 수 없을 노릇이기에. 잔상이야말로 결국 사람의 일상에 새겨져 버린 한 사람의 흔적이라 말할 수 있는 셈이다.

나무에 박힌 못을 뽑아낸 것처럼 그 사람의 부재가 영원한 흔적으로 남겨지고, 관통되어진 구멍으로 보이는 모든 풍경이 아린 것처럼. 물건이라면 모를까 풍경이란 것은 어딘가로 치워 놓을 수도, 버릴 수도 없다. 그저 바라볼 뿐이다. 해가 사라져 온 세상에 색이 사라질 때까지 바라만 볼 뿐이다. 헤어짐을 짊어진 채, 기다림에 온전히 눌린 채로.

그래서 이러한 생각들의 결론이 무엇이냐? 이별이란 것은 사람에 대한 공부라고 생각한다. 일출을 기다리며 그 사람과 함께 바라보았던 바다와 모든 추억 속에 홀로 되돌아가 걷고, 되짚어 보는 것. 헤어짐이란 것은 우리가 아닌 너와 나를, '사람' 그 자체를 복습하고 되뇌게 만드는 것이기에.

그렇기에 헤어짐을 긍정적 생각 할 수 있는 여지가 바로 여기에 있다. 모든 복습은 필연적으로 모든 것을 발전하게 만든다. 고로 사람 공부를 호되게 할수록, 그다음 번 사람과 어떤 모양의 사랑을 하든, 이 전보다는 더욱 지혜로운 만남을 이어갈 수 있지 않을까? 라고 생각한다. 물론 계중에 더욱 변질되고 악독한 사랑을 할 수도 있겠다마는,

결국 모든 헤어짐을 나은 연애를 위한 성장통이라 말 하겠다. 그러니 어떠한 이별을 하더라도 완전히 무너질 필요는 없다. 이별 한 후 하루에도 몇 번씩 감정의 풍랑에 휩쓸린 채로 허우적거리는 느낌일 테지만, 그러한 혼자만의 산책이 끝나고 나면 더욱 나은 사람이 되어있을 수 있을 테니까. 그리고 이 전보다 한 걸음 더 나아간 사람이 된 나에게 이 전보다는 조금 더 나은 사랑이 찾아오는 것 또한 충분히 기대해 볼 수도 있으니까.

비
자
림

천년의 시간 동안 군락을 지으며 자라왔다는 비자나무 숲 사잇길을 말없이 걷는다.

이른 오후 무렵, 숲 주변을 가득 메우다 못해 눈앞에 놓여 있는 황톳빛 길마저 뽀얀 수증기로 덮으며 피어나는 안개들. 안개들은 시선의 끝자락 즈음에서 알음알음 눈인사 건네다 구름들과 더불어 뭉쳐지고 짙게 찍힌 발자국의 뒤안길로 스며들다 사라져간다. 이전에 겪었던 몇 번의 만남과 오늘의 시간이 달랐던 점이라고는 빼곡히 들어차 있는 비자 나뭇잎 자락 너머로, 계곡처럼 갈라진 잎사귀 위로 아쉬움이 방울지며 모여들다 처연하게 기울어진 나뭇가지를 타고 내 어깨 허전했던 공간으로 기어코 쏟아져 내렸다. 랄까. 이미 끝나버린 서로를 길 위에서 마주치고 한두 마디 의미 없는 인사를 건네던 연인처럼, 차곡차곡 둘만의 추억을 함께 쌓아가던 인연이 이제는 추억이 되어 버린 것처럼, 삽시간에 뭉쳐든 방울들은 찰나의 시간 사이마저도 비집고서 적시다 엉기어 떨어진다.

빗물에 젖어 짙게 변해버린 흙바닥 위로 질척이는 발걸음이 이어진다.

돌, 바람, 그리고 여자가 많다는 삼다도에 바람은 불지 않았다. 함께 자리했던 아버지는 제주도를 둘러보며 돌과 바람과 부동산 중개 사무소가 많아 삼다도라며 넌지시 이야기 했다. 사각거리는 발자국 위로, 돌담길에 아로새겨져 이제는 흐릿해져 버린 세월 위로 빛살이 쏟아진다. 비자나무손그림자 사이로 떨어지는 희미한 빛살에 초록빛 이끼들은 잔잔하게 반짝인다. 짧은 호흡을 여러 번 이어가다 떠다니는 비자의 숨결에 넌지시 발을 맞춘다. 그러다 한순간에 깊고 커다란 숨을 느릿하게 들이킨다. 비릿하면서도 상쾌한 무언가가 콧속으로, 나의 가슴속 깊은 그곳에 초록빛 청명함을, 파릇한 무언가를 심고서 쓸려 나온다.

그 시절, 사랑옵던 그 사랑은 없다.

좋았을 마음

그래도 좋았을 마음이었다. 그렇게 흘러만 가버렸어도 좋았을 너의 마음.

주변에 머물러 있는 사람들이 술잔을 건네며 가볍게 던지는 말의 높낮이처럼, 너와 내 사랑의 깊이는 딱 그 정도였다. 너와 나라는 사람과 사람 사이에 사랑이라는 단어 하나 놓여 있을 뿐인데, 그 단어의 크기와 깊이와 비중이 남들이 소중하게 보듬던 단어와는 질적으로 달랐을까? 우리는 서로의 사이에 갈라져 있는 찰나의 간극조차 메우지 못하고, 어느 순간 남보다도 못 한 사이가 되었다.

옆에 앉아 무신경하게 핸드폰을 바라보고 있는 너의 어깨에 무심한 듯 손 얹어본다. 너는 내색하진 않았지만 소스라치게 놀라며 차갑게 얼어붙은, 냉소 잔뜩 머금은 불쾌한 숨결을 의식적으로 발 아래 내뱉는다. 너의 침묵이 쌓인다. 떨어진 그것들은 내 주위를 둘러싸고, 이제는 서리처럼 하얗게 얼어붙어 발등 주위에서 한참을 왈칵이다 땅속으로 사그라든다.

언제부터였을까. 너의 가슴과 엉덩이를 움켜쥐는 나의 손아귀엔 애정의 감정 따위는 한 방울도 묻어 있지 않았고, 그와 마찬가지로 나와 가장 가깝게 맞닿아 있는 너의 입술엔 더 이상 내가 머물 자리는 없었다.

처음이라는 기억 속 우리는, 너는 어떻게 생각할지는 모르겠지만, 몇 날의 달이 뜨고 해가 지는, 해가 지고 달이 뜨는 시간 동안 우리는 꽤나 질적으로 수준 높은 대화를 나눴다. 함께 소주를 마시는 날에는 보르도의 와이너리 투어를 계획하기도 하고, 괜스레 엉덩이가 근지러운 날에는 포르투 대성당 내부의 에줄레주 양식에 대해 논하기도 하였으며, 크리스마스 언저리에는 무량수전의 배흘림기둥에 기대어 있는 서로의 모습을 상상하기도 했다. 꽤나 구체적인 문장들이 서로의 입술에서 뱉어진다. 이어지는 대화 속 형상들이 눈앞에 선연하게 떠오를수록 우리는 서로의 품 속으로, 더욱 깊은 서로의 안쪽 품으로 빠져 들었다. 아마 그랬던 것 같다.

기억을 되새겨 그때의 말들을 떠올리니, 우리는 단지 꽤나 높은 수준의 허울뿐인 대화들을 주고받았을 뿐, 서로를 위한 어떠한 미래도 함께 그려나가지 못했다. 그 때에 우리는 평범한 이들과 전혀 다른, 허울뿐인 서로의 모든 말에 허망함을 깨닫고서 별빛을 벗 삼고 마주 앉아, 상대방의 얼굴에서 떨어지는 얼어붙은 눈물 조각들로 황망한 퍼즐을 맞췄다.

그저 우리는 다른 이들과는 다를 뿐이라는 말들을 주고받으며, 같은 방향에서 가져온 신발 두 짝을 바꿔 신고 서로 다른 방향으로 발걸음을 옮겼다. 너의 웃는 얼굴과 나의 웃는 얼굴 사이로 설익은 바람이 스치고, 비스듬하게 쏟아지는 빛 사이로 의미가 있을 수도 있고 의미 없을 수도 있는, 옅은 숨 방울들만 잠방거리며 허공을 헤엄치다 저편으로 아스라이 스러진다.

그래도 좋았을 마음이었다. 그렇게 흘러만 가버렸어도 좋았을 서로의 마음.

전
쟁

인간은 언제나 무언가를 가지기 위해 또는 지키기 위한 수많은 전쟁을 계속해 왔다. 나는 어떤 것을 가지기 위해 또는 지키기 위해서 이 같은 전쟁들을 해나가고 있는가? 과연 내가 해 나가고 있는 전쟁들은 어떠한 무엇인가를 이루기 위해 하는 것인가? 진정으로 나를 위한 것인가?

여러 상황에 직면하게 될수록 또 하나의 나에 대해 알아 가야 하는 과정이란 생각을 한다.

나에 대한 믿음의 결과들로 만족하고 싶어지는 오늘. 무언가조차도 이루어지지 못한 채 담담히 지나가는 내일에 스스로에 대한 자존감마저 무뎌져 가고 있는 건 아닌지, 나 스스로의 존재가치조차 의구심이 드는 오늘이다.

나의 전쟁이 추구하는 바는 무엇이고 전쟁에서 승리하므로 성취할 수 있는 결과물은 무엇인지, 정답 없이 흘러만 가는 시간 속에 나를 대면할수록 지쳐만 가는 오늘이다. 과정이 중요하다고는 하지만 결과로써 모든 것을 확인

할 수 있는 이 세상에서, 내가 이룰 수 있는 것과 얻을 수 있는 것, 지켜낼 수 있는 것과 빼앗을 수 있는 것, 또는 잃을 수밖에 없는 것.

이어나가지 못할 안타까운 현실의 벽 앞에 주저앉지도 돌아가지도 못한 채 서성이며 창문 밖을 바라보고 있다.

언젠가 이 전쟁이 끝난 후, 나는 어떠한 결과물로 만족할 수 있을까. 무언가를 잃게 돼도 당당하게 후회할 수 있을까. 어느 하나 확정될 수 없는 시간 속에 걱정과 두려움만 커져간다. 실력이 없으니 노력할 수밖에. 미래에 대한 걱정과 두려움만 남을 수밖에 없게 만드는 오늘이다.

있잖아

있잖아.

나는 힘들고 지치는 일이 생기면 욕조에 들어가 아무 생각 없이 앉아 있는 걸 좋아했어. 그래서 항상 목욕을 하고 나면 온몸이 발갛게 달아올라 있었고, 그런 나를 보곤 넌 언제나 웃어댔지.

그런데 요즘엔 그렇질 못해. 목욕을 마친 나는 더 이상 발갛지 않고, 우스꽝스럽지도 않아. 욕조에 물이 다 식어도, 거울 위로 뿌옇게 엉겨 붙은 수증기가 사라져도, 멍하니 욕조에 잠겨 있어.

네가 떠난 지 꽤 오랜 시간이 지났는데도, 혼자 있는 시간이 길어지면 멍하니 네 생각을 해. 근데 이제는 그게 슬프지도, 기쁘지도 않아. 그래서 더 이상 울지도 않고 웃지도 못해.

네 하루는 어때? 긴 하루에 너도 가끔은 내 생각을 하니? 한다면, 무엇에 내가 떠올랐니? 답이 돌아오지 않을 질문들을 소리 없이, 하루 종일 중얼거려.

이런 생각을 하는 나는 아마도 잘 지내는 것 같아. 너도 부디 잘 지냈으면 좋겠어. 너무 바쁘지 않아 가끔은 이런 내 생각도 할 수 있게.

하품을 하는데

하품을 하는데 닭똥 같은 눈물이 뚝뚝 떨어지더라. 내가 하품을 해서 눈물이 나오는 건지. 아니면 진짜 슬퍼서 우는 건지. 그냥 기분이 싱숭생숭하니 막 슬프더라.

지금이 그렇더라. 눈 한번 깜빡이면 눈물 한 방울이 또르르 얼굴을 타고 떨어지고, 눈 두 번 깜빡이면 눈물 두 방울이 주르륵 흘러내리고. 왜 이러는지 모르겠더라.

사는 게 힘들어서 이러나? 생활이 힘들어서 이러나? 잘 먹고, 잘 자고, 잘 싸고, 잘 돌아다니고, 하고 싶은 것들만 하고 사는데, 뭐가 그리 인생 사는 게 억울하고 힘들어서 눈 깜박일 때마다 또르르 흘러내리나.

서글프고 서글퍼라. 그냥 힘들고 힘들어라. 열심히 아프고 아파라.

눈물 핑 도니 코가 막히고, 숨쉬기는 힘들고, 콧물은 나오고.

아아.

아아.

소녀

지금 내가 쓰고 있는 이 이야기는 사연 있게 생긴 이목구비와 머릿속의 세계가 한없이 귀여웠던 한 소녀와의 이야기이다. 괜한 걱정일지는 모르겠지만, 처음 이 글을 쓰는 것에 대해 무척이나 조심스러웠다. 글이란 것은 흔한 술자리에서 지나간 옛 연인을 회상하는 것 따위와 전혀 다른 것이기에. 술김에 토해지는 한숨, 그 속에 흩날리는 알코올 기운처럼 삽시간에 흩어져버리는 것이 아닌, 어쨌든 돌벽에 긁어 놓은 이름처럼 지워지지 않는 흔적을 남기는 일이기에.

혹시나 그 소녀가 이 글을 읽게 된다면 불쾌해하진 않을까? 염려도 했었다. 다만 소녀가 이 글을 읽을 리는 없을 것이다. 혹여나 읽는다 하더라도, 지금 내가 적는 이 글이 자신의 이야기임을 알아차리진 못할 것이다. 서로가 기억하는 추억은 자신의 것이고, 그 추억에는 진실이 없기에. 아마도 지금 이 이야기는 그 소녀가 생각하는 것과 분명 다를 것이다.

그 소녀를 처음 만났던 날. 나는 향기로운 소녀의 목소리에 눈이 멀어 버렸고, 꽃 같은 소녀의 얼굴에 귀가 먹어 버렸다. 소녀의 목소리는 우리 사이를 굳게 가로막고 있던 공기의 벽을 뚫고서 내 귓가로 잔잔하게 울려 퍼진다. 밤하늘 높이 떠 있는 푸르른 달은 고요하게 잠들어 있는 세상 아래로 그리움 잔뜩 머금은 기운을 아늑하게 비추고, 떨어지는 그리움 한껏 머금고서 쓸쓸함만이 머무르고 있던 너른 벌판 위 모든 공간을 자신의 향기로 채워가던 노오란 달맞이꽃. 그리고 그 꽃보다 향기롭게 피어나고, 감미롭게 녹아들던 소녀의 목소리. 또렷한 듯 또렷하지 않았고, 희미하게 흔들리다 흐리멍텅하면서도 곧게 이어지는 소녀의 얼굴선, 소녀의 입술은 오랜 세월 동안 달콤함 진득하게 머금은 와인보다 반짝였으며, 피부는 희고 부드러웠다. 딱 알맞은 코는 소녀의 얼굴을 더욱 균형 있게 만들었고, 슬픔이 아련하게 머물러있는 소녀의 눈동자는 내 심장에 찌릿하면서도 아련한 감정을 선물하기에 충분했다. 소녀의 손짓은 그 공간에서 유일하게 반짝였으며, 바람 한 점 없이도 나의 마음속에서 살랑거렸고, 소녀의 짙고 검은 머리카락은 끝을 알 수 없을 정도로 깊고 어두운 심연으로 나의 마음을 빠져들게 만들었다.

그 후, 우연한 계기로 소녀를 다시 한 번 만날 수 있었다. 샐 수 없는 한숨과 머리를 어지럽히던 푸념들만 가득했던 전날과는 다르게, 그날은 유난히 달이 밝고 고요했다. 그날만큼은 때 묻지 않은 순수함으로 무장한 채, 하늘에 뜬 별이 내 눈동자에 머무르는 시간 동안 소녀의 손을 살포시 맞잡고서, 소녀의 눈동자에 빼곡하게 들어찬 별들을 모조리 헤아리고 싶었던, 그런 밤이었다.

"저는 걷는 거 좋아해요."
"그럼 우리 벚꽃 보러 갈래요?"

길지 않았던 이야기 속에서 걷는 것을 좋아한다 말 하는 소녀. 아쉬웠던 두 번째 만남을 뒤로하고서 소녀와 약조한 날이 다가오길 기다리며, 그날만큼은 특별히 날씨가 좋기를 기도했다.

그날이 평소와 다른 점이라곤 날이 따뜻했고, 벚꽃이 예뻤으며, 어디선가 와플 굽는 향기가 났고, 소녀가 내 곁에서 같이 길을 걸었기 때문이랄까? 바람결에 실려 온 꽃잎들이 허공 위에서 흔들리다 소녀의 머리카락 주위에 사뿐히 머물렀다 쓸려간다. 그 길은 새로운 만남의 설렘을 머금었는지, 주위의 모든 공간을 달콤한 무언가로 채우고 또 채워갔다. 그 길은 아름다웠다. 내 마음에 딱 알맞게 아름다웠다.

이른 오후. 길 위로 은은한 햇살이 비처럼 방울져 내린다. 강둑 너머에 홀로 서 있는 수양버들 위로 올올이 떨어지는 빛망울들은, 평소 짙은 초록빛을 풍기던 나뭇잎들을 한없이 부드러운 연둣빛으로 변해가게 만들었고, 벚꽃이 허다하게 피어난 그곳에 어설픈 그늘 한 덩이 내려놓는다. 일렁이는 바람결에 나무 그늘은 잔망스럽게 나풀거리고, 그 아래 옹기종기 둘러앉은 젊은 연인들은 담소를 나누며 시원한 맥주를 들이켠다. 벚꽃 잎을 안주 삼아 풍류를 즐기는 듯한 그들의 입꼬리에는 사랑이 잔뜩 묻어 있다. 봄이구나. 산책로를 가득 채우며 걷고 있는 연인들은 두 손을 꼭 마주 잡은 채 길을 걷는다. 봄날이구나. 내 눈동자에는 나란히 걷고 있는 소녀의 모습만이 또렷하게 비추인다. 꽃이 피는 봄날이로구나. 백로들은 푸르르게 맑은 하늘 아래로 흰색 점 하나 찍어 놓은 듯 떠다니고, 앙증맞은 목소리를 뽐내며 맑게 지저귀는 참새들은 저기 보이는 아파트 사이 104동 너머로 사라져 간다.

소녀와 나는 걷기에 딱 알맞았던, 내가 좋아하는 그 길을 걸으며 때론 담담하게, 때론 웃음기 가득한 목소리로 서로에 대해 궁금해 하고 알아갔다. 소녀는 자그마한 입술을 달싹이며 쫑알쫑알 많은 물음을 나에게 던졌다. 소녀의 입술은 붉은 이슬이 매달린 듯 얇실했고, 그 입술을 통해 세상으로 번져가는 목소리는 꽃망울을 머금었는지, 봄바람처럼 부드럽고 따스했다. 이따금씩 희미하게 웃음 지으며 돌아서는 입매는 조금의 어색함도 없이 자연스러웠고, 금방이라도 흘러내릴 듯 아슬아슬한 유혹 또한 간직하고 있었다.

"하하. 정말요?"

청정한 미소로 꾀꼬리 같이 지저귀며 나의 어깨를 두드리는 소녀의 가냘픈 손짓은, 역동적인 오케스트라 지휘자의 지휘봉 같았다. 그러한 소녀의 미세한 움직임에 발맞춰 나의 심장은 심각하게 요동친다. 포르테에서 포르티시시모로, 때로는 안단테, 때로는 모데라토. 많은 경험을 쌓은 노련한 지휘자처럼, 연륜 많은 어부처럼, 소녀는 나의 모든 생각을 휘어잡았고, 시선을 사로잡았으며, 감각들까지도 모조리 빼앗아갔다.

27분 정도 길을 걸으며 이어졌던 서로에 대한 뻔한 질문들이 어색했는지, 어색함을 잊으러 쾌활하게 답하는 나의 행동이 거슬렸는지, 존댓말을 하는 나의 말투가 어색했는지, 아니면 처음으로 같은 곳을 바라보며 걸어가는 그날의 분위기가 어색했는지 정확히 알지는 못하지만, 우리의 발걸음은 쉬이 멈추지 않았다.

산책로 옆에 자리한 벤치를 여섯 개 즈음 지나칠 때까지 주위를 두리번거리며 어색한 침묵을 이어 가는 우리. 결국 벚꽃길의 끝자락에 다다랐을 때조차 멍하니 서 있다, 옅은 미소 씽긋 보여주고서 다시금 뒤돌아 지나온 길들을 걸었다. 그 후로도 이어지는 어색한 침묵 덕분에 소녀의 발걸음이 약간 서둘러지는 듯 느껴졌다. 초조함이 나의 등골을 서늘하게 만든다. 무슨 말로 소녀를 웃음 짓게 만들어야 하나.

싸늘하다. 걷기가 지루한 듯 핸드폰을 들어 시계를 보는 소녀의 움직임이 비수처럼 나의 가슴에 날아와 꽂힌다. 이 말을 할까? 아니, 저 말을 할까? 고등학교 시절 국어를 못 해 주제를 모르고, 수학을 못 해 분수를 모르던 시절이 떠오른다. "만두 이야기 아세요? 그럴 만두 하지." 따위와 같이 정리되지 못한 수만 가지 단어들만 나의 머릿속에 회오리처럼 떠다닌다. "수박 이야기 모르세요? 그럴 수밖에."

앞서 지나쳐간 벤치를 네 개쯤 더 지나쳤을까. 흐리멍텅하게 초점을 잃어가는 나의 눈동자는 그때까지도 정신을 차리지 못했고, 흘러만 가는 시간을 말없이 밟아갔다.

"잠깐 쉬었다 갈까?"

하는 나의 물음에 소녀는 가냘픈 고개를 끄덕이다, 바람에 부풀어져 살랑거리는 원피스를 정돈하고선 발걸음을 멈췄다. 순간, 바람에 묻어 흩날리는 소녀의 머리카락은 주위에서 흐르고 있는 시간 따윈 아무런 상관이 없다는 듯 아주 느릿하게, 느릿하게 나풀거린다. 벚꽃잎처럼.

나는 소녀에게 남극의 빙하가 녹는 것에 따른 해수면 상승의 피해와 그 해결책에 대해 이야기 했고, 소녀는 도농융합으로 미래 농업을 이끌어 가는 애그테크가 과연 미래의 신 성장 동력을 이루어 낼 수 있는지에 대해 물었다. 경전선 전철화 사업의 실효성, 청년 일자리 창출과 저출산 문제의 해결책들에 대해 열띤 토론을 하다, 친구들과 나이트에 놀러 가서 부킹을 하던 중, 여자 친구가 교통사고로 다쳤다는 연락을 받고 병원에 갔더니, 거기에는 다른 남자가 울며 내 애인이라고 간호를 하고 있다면? 나는 나이트로 돌아가야 하는지, 여자 친구가 깰 때까지 기다려야 하는지에 대해 다양한 시각으로 논의하며 깊이 있는 대화를 이어갔다.

   소녀는 총명했다. 그토록 순진한 외모를 가지고 있으면서 그렇게 꿋꿋하고, 마음씨 곱고, 친절할 뿐 아니라 진실로 착하고, 활동적이면서도 발랄하고, 마음에 침착한 여유를 지니고 있을 줄이야. 이제는 이전에 느꼈던 어색함도 사라진 지 오래. 16분 48초 즈음 이어졌던 대화를 끝으로, 우리의 가슴도 주변을 가득 메우고 있는 꽃들처럼 희미한 붉은 빛으로 조금씩 물들어 가는 듯했다.

   남쪽에서 불어오는 바람결에 연분홍 꽃잎들은 나비보다 고운 자태를 뽐내며 산책로 위로 하늘하늘 피어난다. 눈앞으로 어지러이 쓸려 다니다, 산지사방을 빼곡히 채우던 그 나비들 사이로 소녀의 모습이 찬연하게 떠오른다. 천천히, 아주 천천히. 나 혼자만 보기 아까운 소녀의 이 모습, 백옥 같은 도화지 위로 흐릿한 그리움을 머금었는지 수채화처럼 번져가는 소녀의 눈망울, 유달리 긴 속눈썹과 탐욕스럽게 갈라져 있는 쌍꺼풀 너머로 비취는 청명한 호수는 바이칼보다 깊었고, 보르도에 있는 거울 광장보다 화려했으며, 호카곶에서 마주하는 석양보다 따사로웠다.

너무나도 짧았고, 꿈만 같았다. 다들 아시다시피, 이쯤에서 이야기가 해피엔딩으로 마무리됐었다면 지금의 글은 쓰지도 않았겠지. 소녀와 함께 길 위에 머물렀던 시간은 겨우 56분 남짓. 물론, 이제는 영화와도 같았던 그 날의 기억조차 추억으로 남겨져 있지 않는다.

그 시절, 차갑게 돌아서며 그만하자는 소녀의 목소리가 잔잔하게 떨려온다. 아무런 움직임 없던 심장 아래로 자그마한 물결이 일렁인다. 잔잔했던 일렁거림은 가슴속에 고여 있던 추억이라는 웅덩이에 여러 겹의 파문을 만들고, 격동적인 파도로 변해 모든 것을 지워 버리는 해일처럼, 미련하나 남기지 않은 채 휩쓸고 떠나갔다.

만약 소녀에게 계절이 있다면, 첫 만남의 봄보다는 여름을 닮았다고 이야기하련다. 소녀가 여름을 닮은 것이 아닌, 여름이 소녀를 닮은 게 맞을 정도로. 그리고 나는 그런 여름을 사랑했다. 단순히 '수박이 맛있어서' 따위와 같은 이유는 결단코 아니다. 하지만 당연하듯, 이제 나는 여름이 싫다. 소녀의 향기 같은 여름 공기에 짙은 농도가, 입안 가득 달콤함으로 사로잡는 마카롱 같은 텁텁한 감각이, 여름 특유의 물비린내가, 질식할 것 같은 온도가.

고등학교 시절 영어를 못 해 영문을 모르고, 국어를 못 해 주제도 모르고, 수학을 못 해 분수까지 몰랐던 순간들이 떠오른다. 소녀의 이야기가 끝맺어지던 순간, 그때 당시 가슴 속에 완성되지 못한 문장들은 역류하는 위산처럼 목구멍 사이로 울컥이다 뱉어지지 못하고, 어딘가에 비릿하게 쌓여버렸다. 소녀와 함께 차가운 술 한 잔 손에 들었다면, 마음속 맴돌고 있는 애절함을 모조리 호소할 수 있었을까? 크게 발광하거나 소리치다 눈물을 흘리고 통곡했다면, 쌓여있는 응어리와 아쉬움들을 모조리 씻어낼 수 있었을까?

언젠가 소녀가 빼앗아간 나의 여름이 다가오겠지만, 오늘도 소녀 덕분에 나는 여름을 밀쳐낸다. 여름이 가까워짐에 알게 된 사실이 있다. 소녀는 여름 그 자체였구나. 그 사실이 나를 또 한 번 무너뜨린다. 몇 번의 여름이 떠나야 소녀를 잊을까.

오늘도 소녀의 얼굴을 떠올리며 그림을 그린다. 흘러내린 눈물에 추억을 풀어 그림을 그린다. 눈물 한 덩이 손가락에 짙게 바르고 추억 속으로 푹 눌러 찍어, 투명한 도화지 위로 휘적거리듯 소녀를 그린다. 눈물을 머금고 있는 손가락의 느낌이 썩 나쁘지 않다. 투명한 도화지에서 물감이 주르륵 흘러내린다. 손가락 한 마디 톡톡 털어낸다. 움직이는 손놀림에 닭살이 돋아난다. 이미 늦었다. 농도 조절에 실패한 수채화처럼 모든 것들이 흐릿하게 희미해져 간다.

다시금 불어오는 봄바람 덕분에 사방으로 어지러이 흩날리는 벚꽃잎들 한 대 모아 두었다가 강물 위로 홀연히 놓아 준다면, 그 순간에는 모든 그리움들이 아득하고 깊은 수면 아래로 찰랑거리며 가라앉을 수 있을까? 그 길은 처음으로 소녀와 함께 걸었었고, 그 순간이 소녀와의 마지막 걸음이었다.

그날 이후로 겨울이 가고 또다시 봄이 왔다. 허나, 꽃이 핀다고 이제는 더 이상 소녀를 떠올리지 않으리.

이
별

이른 오후. 고막을 찢어발길 듯 울어대는 핸드폰을 저편으로 집어 던진다. 가늘게 벌어지는 눈꺼풀 너머로, 어긋나 있는 커튼 사이로 무수한 잔상들이 거들먹거리다 스쳐 간다. 침대 위에 머물러 있는 시간이 길어졌다. 벌써 며칠째 인지는 잘 모르겠지만.

'이제는 좀 나가야 하나.'

반의반도 떠지지 않은 눈을 비비적거리며 침대에서 고개만 돌려 창문을 바라본다. 창밖 세상은 아쉽게도 진눈깨비 섞인 바람이 자주, 그리고 많이 불고 있었다. 평소라면 진절머리 나게 싫었을 지금의 날씨에 안도감을 느낀다. 그저 날씨 탓이라 사람들에게 말하며 밖으로 나가지 않아도 되니까. 내가 아무것도 하지 않는 이유가 나에게 있는 것이 아니라, 그저 진눈깨비 섞인 바람 때문이라 누군가에게 말할 수 있으니까.

지금처럼 잠잠히 머무르며 혼자라는 외로움에 잠식될 수 있으니까.

해 뜬다

오래전 그날 이후로 사람들의 발자국 하나 찍혀 있지 않은, 한적하고 드넓은 바닷가 백사장 위에 홀로 머물러 자리를 지키던 허름한 나무 벤치가 있다. 얄궂은 바닷바람과 세월의 모진 풍파를 온전히 버티면서도 본연의 색을 잃지 않고 굳건히 서 있는, 끝없이 펼쳐진 수평선과 어우러져 누군가에게는 먹먹하고 가슴 찡한 쉼을 허락하며 자신을 내어 줬을 낡은 나무 벤치. 엉성하지만 튼튼해 보이는 그 벤치는 원래부터 그곳이 자신의 자리인 양 낯설지 않게 주변 풍경과 잔잔히 동화되어, 쓸쓸함이 머무는 그 자리를 아늑함으로 채우고 있다.

점점이 떠 있는 흐릿한 구름들의 갈라진 손가락 사이로 미지근한 태양 빛이 내리친다. 모래사장 위로 사뿐히 떨어지는 빛살들은, 별안간 부르짖으며 달려드는 파도에 놀라 자지러지듯 물길 속으로 부서지다, 무수히 많은 상처와 흉터투성이인 내 심장까지도 할퀴고 사라진다. 하루에도 수백 번, 수천 번, 수만 번씩 부딪히며 물보라를 일으키다, 바닷가에 흩뿌려져 있는 모래알보다 더욱더 작게 나의 심장을 부수고 부순다. 조각난 가슴을 안고 모래사장 언저리에 앉아 있는 나에게 또 한 번 파도가 밀려든다. 파도가 부서지며 가슴 속에 떠다니는 부스러기들을, 박살 나버린 아픔의 흔적들을, 느릿하게 번져가는 물안개 위에 희뿌연 포말처럼 흩뿌린다.

  어둠이 내린다. 등 뒤로 움푹 솟아있는 산 뒤로 태양은 넘어 들고, 눈 앞에 펼쳐진 수평선 너머에서부터 어둠이 밀려온다. 눈물이 난다. 눈물이 내려서 어둠이 내렸는지, 어둠이 내려서 눈물이 났는지, 내 눈에서 흐르는 게 눈물인지. 이따금씩 알아들을 수 없게 조용히 읊조리던 내 목소리는, 어느새 누군가 꾹 밟고 있는 것처럼 뭉개지기 시작한다. 또 한 겹의 어둠이 나를 덮쳐온다. 한 겹의 어둠이 덧대어질수록 나의 감정은 점차 측정할 수 없는 표정들을 지어간다. 하늘과 바다는 어두움에 녹아내려 경계조차 흐릿해졌고, 그 흐릿한 경계 위로 비스듬하게 일렁이는 바람결에 자꾸만 기울어져 가는 나만의 아픔을 이따금씩 물에 풀어 하소연하듯 망망대해로 흘려보낸다.

태양은 한순간에 밀려오는 어두움에 도망하듯 순식간에 빛을 잃고, 수평선 끝자락으로부터 달이 차오른다. 간간이 아기자기한 빛을 뽐내며 자신을 내세우던 별빛들까지도 야금야금 모조리 먹어 치워 버렸는지, 불룩해진 배를 들이밀고서 둥그런 빛을 세상 밖으로 쏟아 낸다. 몇 겹의 시간 동안 변함없이 흘러내렸을 차가운 달빛은 텅 빈 백사장에 놓여 있는 벤치 위를 시원스럽게 덮어 갔고, 낮게 깔린 잔잔한 어둠 속에서 숨죽이고 있던 모래알들도 달빛을 양분 삼아 은은하게 반짝인다. 물길 속 깊이 녹아 있던 햇살들은 시원한 달빛과 함께 일어나 모래알과 경쟁하듯, 온 바다에 퍼져 아지랑이 피듯 나의 눈길 너머로 서성이고 있다.

　바람결과 더불어 손짓하는 달그림자에 이끌리어 밋밋한 모래언덕 위, 새하얀 도화지 같던 모래사장 위로 조심스레 발자국을 찍어간다. 쌀쌀한 바닷바람이 옷자락을 휘감으며 펄럭이다, 나를 끌어안으며 느릿해진 발걸음을 재촉시킨다. 오늘도 달빛을 맞아 하얗게 빛나고 있는 나무 벤치에 다가가 자연스러운 동작으로 벤치를 쓰다듬는다. 오랜만이다. 자리에 앉아 바다를 바라본다. 바다는 고요했고, 파도는 자유로웠다. 잠잠히 눈을 감고서 바람결에 실려 다니는 세상의 소리에 귀 기울인다. 뻥 뚫려버린 가슴으로 짙은 파도의 함성을 맞이한다.

 공허한 가슴에 거대한 슬픔이 차오른다. 비어버린 가슴으로 밀려 들어오는 그것은, 잠잠하게 가슴속에서 차오르다 한꺼번에 목울대를 밀고 터져 나왔다. 나는 울었다. 슬프게. 절망적으로. 필사적으로 숨이 막힐 만큼 울었다. 검게 물든 백사장 아래에서 나는 하나의 점으로 남아 울었다. 기나긴 그간의 외로움과 고통까지 모조리 담아내어 울었다. 격렬하게 온몸을 떨며 울었다. 가슴이 터질 만큼 우렁차게, 목청이 찢어질 만큼 울었다. 처절하게 울었다. 아무런 대꾸조차 없는 무심한 하늘 아래에서 하염없이 나는 울었다.

 어둠은 점점 더 짙은 농도로 세상을 잠식해가고, 달빛

마저 어둠 속으로 침잠해 버린 지금. 공기는 이 전과 비교할 수 없을 만큼 차가워지고, 바다는 어둠에 물들어 있다. 파도에 부서져 흔적도 없이 박살 나 버린 심장 언저리에서 희미한 감정이 울컥 일 때마다 검붉은 피 한 덩이 쏟아진다. 어깨 위와 가슴속에 군더더기처럼 달라붙어 있던 슬픔의 조각과 한숨들까지도, 밀려왔다 쓸려 가는 파도에 녹아 흘러내린다. 구분되어지지 않는 수평선 언저리를 바라보다, 한결 가벼워진 마음으로 깊은 바다와 닮아 있는 푸르름을 가슴 속 비어있는 공간에 조금씩 채워간다.

멍하니 앞을 향하고 있던 내 눈 끝자락에서부터 조그마한 붉은 점 하나가 비쳐 오기 시작한다. 오랜 날 동안 사방에 뿌리 내려 있는 어둠을 갉아 삼키며 떠오르는 붉은 태양. 나의 얼굴에 오래도록 머무르고 있는 짙은 어둠을 살라 먹는 뜨거움이 저 멀리서부터 피어난다. 나는 신고 있던 신발을 벗어 던지고 모래사장을 가로질러 바다를 향해 나아간다. 사방에 가득 차 있던 투명한 어둠을 넘어 세상 속으로 성큼 나아간다. 커지는 태양 빛은 어둠을 삼켜

갔고, 밝아져 오는 내 눈앞에는 태양이 만들어낸 장관 펼쳐진다. 공허한 모래밭 위에 잠시 잠깐 머물러 있던 안개들을 기운차게 가로지르며 앞으로 달려 나간다. 세상 끝에서부터 피어나는 뜨거운 꽃, 짙게 찍힌 빛줄기는 빠알갛게 물들어 가는 바다 위로, 모래사장 위로 반듯한 빛의 길을 만들었고, 그 길의 시작점엔 내가 서 있다.

나는 밀려오는 따사로움을 느끼며, 눈을 감고 고개를 들어 태양을 마주했다. 내 얼굴에 심겨 있던 어두움은 더 이상 숨을 곳을 찾지 못했는지 떨어져 나간 지 오래, 이제는 부드러운 온기만이 남아 나의 얼굴을 물들이고 있다.

"해 뜬다……."

고칠 수 없는 습작

서로에 대한 아쉬움에 때문에 하루를 살아가기 힘겨 웠던 적이 있다.

　나의 핸드폰에 매일 아침 같은 목소리로 나를 깨우는 알람만이 울리던 그때. 서로에 대한 아쉬움으로 급하게 지나가던 하루를 함께 마무리했던 그때. 지금은 혼자서 뒤적뒤적 이불과 씨름하던 순간. 흐르는 아쉬움에 추억을 속삭인 뒤 돌아섰던 그 순간. 남자는 흘러간 로맨스 때문에 항상 사랑을 기억한다. 고 말하던 말보루의 그 글귀를 떠올리던 그날. '마티니는 젓지 말고 흔들어서' 라고, 말했던 제임스의 말 또한 추억으로 남게 되겠지. 향기만 남기고 떠난다는 낯선 남자의 그림자. 그댄 나에게 무엇을 남기고 떠나갔나. 나를 향한 그대의 사랑만이, 닮지 않은 듯 닮았을 그 캔버스 속 아련한 추억으로만 쓸쓸히 부딪히며 웃고 있다.

　너와의 추억이 담긴 강릉 앞바다. 알려지지 않은 우리만의 시간 속, 떠오르는 태양만이 그때의 서글펐던 아름다움을 기억이나 할까. 이젠 모두 잊으련다. 이제 모두 지우련다. 아아. 사랑하는 나의 님은 갔을까. 가시는 걸음 놓인 그 꽃을 사뿐히 즈려 밟고 가셨을까. 힘들었던 기억보단 행복만이 더 남지 않았었냐. 나에게 말하던 님의 그 목소리가. 그날따라 담담했을 내 가슴속 언저리에 이리도 구슬픈 기억으로 남아 있는지. 보낼 수 없던 편지 속 내 가슴에 시림만이 냉랭한 달그림자. 사진으로 남았구나. 각자 가야 할 곳만을 바라보며, 다른 길을 함께 걷던 아픈 추억만이 이제 또다시 내 가슴 한 켠 아련함으로 남아 쓰린 속 달래며 삼키는 소주 한 잔에 부풀었다 지는구나.

시간이 지나 보름달이 그믐달 되듯이, 너에 대한 내 마음 또한 사그라지겠지. 아픈 만큼 성숙한다는 어떤 이의 말처럼. 나 또한. 그리고 너 또한 성숙하겠지. 짧은 시간이나마 행복했던 우리의 추억을 불사르며 커져가는 불꽃처럼 타오르겠지. 이날의 아픔들을 양분 삼아 고이고이 자라나는 나무들같이. 나 또한 자라나지 않을까 하는 헛된 희망에 오늘도 눈을 감는다. 생각 속 잊혀지지 않는 너와의 사진 한 장에. 추억을 되새기며 오늘도 넘어간다.

    길을 걷다 들려오는 애절한 가사 속에 메아리치는 우리 마음. 머릿속 윙윙거리며 들려오는 구슬픈 노랫가락에, 아니라 외쳐본들 무슨 소용 있으랴. 소용없다 소리친들 무슨 상관있으랴. 떠나보낸 내님 사진 바라본들 무엇들을 바라랴. 하루하루 아쉬움만 되새기며 오늘을 또 걷는다. 아쉬움이 커질수록 그리움만 넘치더라. 넘실대던 생각 속에 아픔만이 차오르더라.

    겨울이 지나 봄이 오듯. 땅속 깊숙한 곳, 긴긴밤 지새우던 노오란 떡잎들 자라나듯. 감추려 해도 감추어지지 않는 네 생각. 언젠간 꽃이 피어 내 콧잔등 긁적이며 돋아날 그날에. 꽃이 핀다고 그대를 떠올리지 않으리. 봄이 온다고 그대를 기억하지 않으리. 이 아름다운 세상 소풍 끝나는 날. 씁쓸했던 추억들 고이 불태우며, 그대를 떠올리지 않으리. 그날이 오면. 그날이 오면은. 나 또한 깊은 땅속에서 잠잠히 깊어지지 않겠는가.

잡
설

새벽별도 집어삼켜진 차가운 새벽. 울리는 알람 소리에 깨어난 나는 방바닥에 널브러져 있는 옷들을 주섬주섬 걸쳐 입고 얼렁뚱땅 집을 나선다.

땅속으로 곤두박질치듯떨어지는 엘리베이터는 언제나 그렇듯 나를 더욱 낮은 세상으로 이끌었다.

거리마다 서로 다른 불빛이 공존하고, 나를 태운 자동차는 달과 별의 흔적이 희미하게 어려있는 새벽의 언저리를 넘 노닐며 부드럽게 세상으로 달음박질한다.

침묵의 시간. 자동차의 속도가 빨라지며 빛의 터널을 통과하자 희미하게 아른거리던 세상은 동굴보다 짙은 어둠에 휩싸인다.

주유소에 도착해서 컴퓨터를 켜고, 두꺼비집을 열어 잠자고 있던 주유기와 전등을 깨운다. 서늘한 새벽 공기가 옷깃을 스치며 저편으로 멀어진다.

매일 새벽, 나에게 행복감을 주기 위한 의식처럼 커피 포트에 물을 받아 물을 끓이고, 드리퍼를 접고, 예가체프 원두를 그라인더에 넣고 갈아낸다. 그 순간, 원두의 묵직한 향기가 사무실 내부를 채운다.

주전자에서 떨어지는 곧은 물줄기가 곱게 갈아놓은 원두 위로 쏟아진다. 적당한 온도로 끓은 물이 원두를 적시고, 피어나는 커피의 영혼이 아지랑이처럼 모든 공간을 뒤덮는다.

서버로 토닥거리며 커피가 내린다. 드리퍼 너머로부터 새어 나오는 커피를 지켜보며, 나는 곧이어 맞이할 커피의 향기와 맛에 한발 먼저 빠져든다. 진득한 강렬함, 산미와 쌉쌀한 맛, 부드러운 목 넘김까지.

하지만 현실에서의 행복감은 누군가가 나의 비극을 즐기기라도 하듯, 그리 오래도록 이어지지 않았다. 어제까지의 판매 영수증을 확인하며 엑셀에 내용들을 기록한다.

숫자를 기록할수록 무거워지는 나의 손가락과는 다르게 적혀지는 숫자들은 하릴없이 가볍게만 보인다. 혹여나 누락된 내용이 있나 수차례 영수증을 들여다보지만, 숫자와 컴퓨터는 거짓말을 하지 않는다. 어제보다 더욱 낮게 내리깔린 숫자가 무던히도 증오스럽다.

홀로 머물러 있는 이른 아침. 내 귓가를 스쳐 지나가는 차량들의 소리를 꼽으며 마음속에 끓어오르는 무언가를 곱씹는다. 언제나처럼 이루어질 수 없는 꿈을 꾸는 듯, 그렇게 이곳에 머무르며 어떤 불안한 감정이 뒤섞인 갈망의 물결에 휩싸인다.

차가 들어온다. 챠임벨이 울리면 나는 파블로프의 개 헐레벌떡 밖으로 뛰쳐나가 차량의 유종을 확인하고 기름을 넣는다. 1대, 6대, 10대가 넘어가고 20대가 되면, 오늘은 몇 대의 차가 들어올까 상상하며 멍하던 머릿속이 조금은 맑아지는 듯하다가도, 지금의 마진을 생각하면 다시금 암담함에 휩싸여 같은 행동을 반복한다.

매일 같이 변화 없는 일상이 이제는 버겁기까지 하다. 지친다. 차가 들어오고, 기름을 넣고, 돈을 받고, 차가 나가는 것. 반복되는 일상속에 멍하니 빠져 있다 또 다시 차가 들어온다. 차 내부에서 바쁘게 전화를 하거나 스마트폰을 만지작거리는 손님, 혼자서 무언가 생각에 잠긴 듯 내리는 빗방울을 쳐다보는 손님, 차에 기름 넣는 것을 구경하거나 시끄러운 음악에 심취해 카드를 건네주지 않는 손님 등등 다양한 사람들이 주유소를 방문한다. 기름을 넣을 때 인사를 건네기도 하지만, 대부분의 경우 손님들은 자신들의 일에 매몰되어 있어서 잠잠히 머물러 있다.

나 또한 무의미하게 반복되는 일상에 적응되어 버린 걸까. 하루 종일 힘들게 일을 하고, 그 어떤 성취감도 느끼지 못한다. 그저 반복되는 하루 속에서 시간을 죽인다.

이제는 더 이상 힘든 일이라는 것도 느끼지 못한다. 그저 하루하루 지나가는 시간에 묻혀버린 것 같다. 세상은 변화하고 발전하고 있지만, 주유소는 그저 그 자리에 멈

취있다. 이런 일상 속에서 나는 어떤 의미를 찾을 수 있을까?

　빗발은 거세지고 더욱 많많은 차량들이들어오지만 아직이다. 이 정도로는 점심 밥값도 벌지 못한다. 주유소 사장이 외제차를 타면 서민의 고혈을 빨아먹는 악덕 업주이고, 식당 사장님이 금팔찌를 온몸에 두르고 카운터에 앉아 계산 만 하면서 외제차를 타고 다니면 맛집 인증인 이 세상이 야속하기만 하다. 3~5%의 마진율도 나오지 못하고 그 와중 카드 수수료만 1.5%....하루 16시간 근무 중에 나는 몇 대의 차량에 기름을 넣어야 할까.

　여전히 머물러 있다. 주위를 둘러싼 창문 대신, 주유기와 차량들이 나를 억죄어 온다. 작고 협소한 이 공간 속에는 정적만이 쌓여가고, 종종 느껴지는 인기척도 바람결에 휩싸여 금세 멀어져간다. 시간은 중력에 이끌리어 옳은 방향으로 흘러가지만, 오로지 이 공간 안에서는 어떠한 행위도 일어나지 않는다.

현실과 이어지지 못한 듯, 주유기와 자동차, 그리고 나만이 존재하는 이곳은 사람들에게 잊혀진 공간 같다.

내가 이곳에서 벗어나고 싶어도, 이곳은 나를 갇혀있게 만든다. 하지만 지금의 현실조차 나의 스스로가 내게 강요한 것처럼 불편하고 씁쓸하다.

어둠이 내려앉은 공간에서, 쇠 긁는 소리로 갸르릉 거리는 주유기의 울음소리만이 내 귓가를 자극한다. 내 마음은 더욱 낮은 곳으로 가라앉는다. 이러한 상황 속에서, 나는 마치 고요한 산속에 있다는 듯한 정적과 함께, 시간이 멈춘 듯한 느낌을 받는다.

이런 나는, 언제쯤 하늘에 닿을까.

작
가
의
 말

평소 내가 살아가는 일상은 작가와는 아무런 관련이 없다. 나는 글 쓰는 일을 하며 먹고 살아가는, 글을 써야만 내일의 끼니를 연명할 수 있는 작가는 아니다.

때때로 공적인 자리에서 여러 사람들을 만나 작가 행색을 내야 할 때면, 완숙한 연기자로 빙의 되어 '작가는 어떤 사람일까?' 평소 꿈꿔 왔던 행동들을 조심스레 흉내 낸다. 그때의 나는 손끝에서부터 머리카락 끝까지 완숙한 작가를 닮아있다.

하루의 일정이 마무리되고 집에 가는 택시에 몸을 실으면, 그때부터 물밀듯이 밀려오는 민망한 혼돈의 조각들을 알음알음 건져 모아 핸드폰 메모장에 기록했다. 몇 번의 날씨를 경험하고, 각기 다른 장소를 방문했으며, 이름도 기억나지 않은 수많은 사람들을 만났지만, 그 모든 사건은 시간과 순서에 어떠한 연관성과 개연성 따위는 없는 듯, 조각조각 난도질 된 색깔과 모양들로 처음 기억의 원형 따위는 알아볼 수 없게 헤집어져 핸드폰 메모장에 흐드러져 있다.

2022년 처음 적어 가기 시작한 이번 작품 또한 입에서 편하게 뱉어내는 말이 아닌, 극도의 상상력 속 사전적 언어의 나열과 배치, 사실이 아닌 허구에 집중된 소설 중에 연애와 관련된 SF 에세이로 완성되었다.

경험해 보지 못했음에도 불구하고 경험해 봄 직한 문장들로 채워진, 느껴보지 못했음에도 불구하고 느꼈을 것으로 생각하는, 가보거나 조사하지 않았음에도 불구하고 실제처럼 작성되는 신문 기사 같은, 그런 SF 이별 에세이.

다음번에 나올지도 모르는 4번째 책은 허구적 상상력에서 겉도는 것이 아닌, 나 자신은 물론 모두에게 진실성 있는 진솔한 대화들로 기록되길 바라본다.

끝으로, 이 전보다 뜨겁지는 않지만, 그럭저럭 따뜻한 삶을 살아갈, 이 책을 읽어주신 모든 이들에게 감사드립니다.

24년 가을의 초입에
박건아 드림

아참. 항상 소녀의 감성을 가지고 살아가는 아름다운 우리 어머니와, 내가 언제나 닮아가기 위해 노력하는 우리 자랑스러운 아버지에게 사랑한다는 말을 전하고 싶다.

흔한 에세이

저자 : 박건아

초판 1쇄 발행 | 2024년 10월 15일

지은이 | 박건아
발행인 | 장문정
발행처 | 문예바다
　　　　등록번호 | 105-03-77241
　　　　주소 | 서울 종로구 삼일대로 30길 21(종로오피스텔) 611호
　　　　전화 | 02-744-2208
　　　　메일 | qmyes@naver.com

ⓒ 박건아, 2024. Printed in Seoul, Korea
ISBN 979-11-6115-260-8

* 이 책의 저작권은 지은이와 출판사에 있습니다.
* 양측의 서면 동의 없는 무단복제를 금합니다.

문예바다 수필선

꿈은 늙지 않는다 박기숙 수필집 14,000원
해를 보고 별을 보다 한정규 지음 12,000원
백제의 길 위에 서서 차준완 글·사진 15,000원
청춘, 아니어도 축제다 김정희 수필집 12,000원
아주 특별한 소풍 송경미 수필집 12,000원
달콤한 슬픔 김미원 수필집 12,000원
58년 개띠, 유년의 종로 박승찬 지음 12,000원
복을 부르는 사랑의 효 문영휘 지음 13,000원
황갈색 계절 이종열 지음 15,000원
빨간 고무장갑 김지언 화문집 10,000원
너에게 나는 어떤 풍경일까 둥글아미의 사랑법 13,000원
양평 가는 길 김정완 수필집 12,000원
남은 자로 남게 하소서 안명자 수필집 12,000원
가면의 꿈 임하 수필집 12,000원
안동 까치구멍집으로 가는 길 신종찬 두 번째 수필집 12,000원
언젠가는 가리라 홍용수 수필집 12,000원
날아라 수탉 이천호 수필집 13,000원
내 모니터 안의 화단 백복현 수필집 12,000원
내 마음의 외양간 오길순 수필집 13,000원
곽흥렬의 수필 깊이 읽기 곽흥렬 지음 16,000원
덩굴째 받은 인생 김광수 수필집 13,000원
소금꽃 바다 김성렬 수필집 10,000원
아직도 느껴요 신화식 수필집 12,000원
행운목 꽃필 때 박병 수필집 12,000원
나의 소확행 노정애 수필집 12,000원
이 외출이 행복하기를 정충영 수필집 13,000원
그리움의 거리 백춘기 수필집 13,000원
치앙마이 한 달 살기 조숙 여행기 15,000원
삶의 아름다운 조각들 문선동 수필집 12,000원
라오스 한 달 살기 조숙 여행기 15,000원
슬픔이 익다 안영희 수필집 15,000원
흙반지 이신애 수필집 12,000원
추억을 낙서하다 이태수 수필집 12,000원
명가의 빛, 그리고 그림자 오두범 수필집 13,000원
청산별곡 70 오두범 수필집 13,000원
내 생애 행복했던 순간들 홍기 산문집 13,000원
어느 세상에서 삽니까 김재열 에세이집 14,000원
꽃살문에 앉은 바람 김현주 산문집 13,500원
설월리 연가 임금재 시·산문집 14,000원
램프가 아직 불타고 있는 동안 김명규 수필집 14,000원
족장 김석이 수필집 12,000원
하얀 도화지에 그린 수채화 박치인 수필집 12,000원

하루의 일정이 마무리되고 집에 가는 택시에 몸을 실으면, 그때부터 물밀듯이 밀려오는 민망한 혼돈의 조각들을 알음알음 건져 모아 핸드폰 메모장에 기록했다. 몇 번의 날씨를 경험하고, 각기 다른 장소를 방문했으며, 이름도 기억나지 않은 수많은 사람들을 만났지만, 그 모든 사건은 시간과 순서에 어떠한 연관성과 개연성 따위는 없는 듯, 조각조각 난도질 된 색깔과 모양들로 처음 기억의 원형 따위는 알아볼 수 없게 헤집어져 핸드폰 메모장에 흐드러져 있다.

2022년 처음 적어 가기 시작한 이번 작품 또한 입에서 편하게 뱉어 내는 말이 아닌, 극도의 상상력 속 사전적 언어의 나열과 배치, 사실이 아닌 허구에 집중된 소설 중에 연애와 관련된 SF 에세이로 완성되었다.

경험해 보지 못했음에도 불구하고 경험해 봄 직한 문장들로 채워진, 느껴보지 못했음에도 불구하고 느꼈을 것으로 생각하는, 가보거나 조사하지 않았음에도 불구하고 실제처럼 작성되는 신문 기사 같은, 그런 SF 이별 에세이.

— 작가의 말 중에서

값 13,000원